国际经济与贸易专业实验教程

GUOJI JINGJI YU MAOYI ZHUANYE SHIYAN JIAOCHENG

康增奎◎著

首都经济贸易大学出版社
Capital University of Economics and Business Press
·北京·

图书在版编目（CIP）数据

国际经济与贸易专业实验教程. 康增奎著. --北京：首都经济贸易大学出版社，2017.11

ISBN 978-7-5638-2601-8

Ⅰ. ①国… Ⅱ. ①康… Ⅲ. ①国际经济学—实验—高等学校—教材 ②国际贸易—实验—高等学校—教材 Ⅳ. ①F11-33 ②F74-33

中国版本图书馆CIP数据核字（2016）第314764号

国际经济与贸易专业实验教程
康增奎 著

责任编辑 刘 欢 彭 芳
封面设计 砚祥志远·激光照排 TEL：010-65976003
出版发行 首都经济贸易大学出版社
地　　址 北京市朝阳区红庙（邮编 100026）
电　　话 （010）65976483 65065761 65071505（传真）
网　　址 http://www.sjmcb.com
E-mail publish@cueb.edu.cn
经　　销 全国新华书店
照　　排 北京砚祥志远激光照排技术有限公司
印　　刷 北京京华虎彩印刷有限公司
开　　本 710毫米×1000毫米 1/16
字　　数 158千字
印　　张 9
版　　次 2017年11月第1版 2017年11月第1次印刷
书　　号 ISBN 978-7-5638-2601-8 / F·1451
定　　价 29.00元

目　录

上篇

国际经济与贸易专业课程实验指导

第一章 “国际贸易实务”实验指导

第一节 “国际贸易实务”实验大纲

一、实验目的

国际经济与贸易专业的特色是培养应用型的对外经济贸易人才，这就要求学生不仅掌握国际经济贸易的基本理论，还应具备很强的实际操作能力。“国际贸易实务实验”是国际经济与贸易专业的必修课，也是该专业教学过程中必要的实践环节。通过该课程的学习，能更好地帮助学生实现本专业的培养目标。

通过本模拟实验，利用相关教学软件，在网络上建立几近真实的国际贸易模拟环境，让学生模拟进出口业务流程的不同当事人，训练学生全面、系统、迅速地熟悉并掌握国际贸易业务运作的流程及基本技巧。通过本课程的学习，学生应能够熟练处理国际贸易各环节中的问题，并能独立完成整套国际贸易业务。

二、实验要求

通过本模拟实验，理解和掌握外贸业务中的流程及其具体实施方法。实验基本要求如下：

第一，每个学生要分别扮演五个角色，完成以下任务：①出口商——完成 1 笔 L/C+CIF 出口业务；②进口商——完成 1 笔 L/C+CIF 进口业务；③供应商——完成 1 笔销售合同；④进口地银行——完成信用证申请表的审核及开证、审单；⑤出口地银行——完成审证、审单等工作。

第二，利用南北外贸实训仿真平台提供的各项资源，做好交易前的准备工作，并学会运用网络资源宣传企业及产品。

第三，使用邮件系统进行业务磋商，掌握往来函电的书写技巧。

第四，正确核算成本、费用和利润，争取以较好的价格成交。

第五，学会正确使用价格术语和结算方式签订外销合同。

第六，掌握 L/C+CIF 条件下的进出口业务流程。

第七，正确填写各种单证。

三、实验项目

（一）实验仪器和环境

实验设备主要包括服务器、交换机和 PC 机组成的 NT 网络。

软件环境如下：服务器采用 Microsoft Windows 2000 Server 以上操作系统；学生客户端采用 Windows 2000 以上系统、IE5.0 以上浏览器，Java 平台。首都经济贸易大学经济运行与国际贸易实验室安装有两套外贸软件：① Sim Trade 外贸实习平台；②南北外贸实训仿真平台。

（二）实验项目

“国际贸易实务”实验内容：交易前的准备工作及建立业务关系；交易磋商（询盘、报盘、还盘、接受）与签订合同；信用证的开证、审证和改证；办理货物运输和保险；办理进出口报检和报关；缮制议付单据、结汇；办理出口核销退税。具体分为七个实验环节，如表 1–1 所示。

表 1–1　实验项目基本情况一览表

序号	项目名称	内容摘要	实验类型	学时	实验要求
实验 1	交易前的准备及建立业务关系	交易前的准备工作及建立业务关系	模拟性 综合性	2	必做
实验 2	交易磋商	询盘、报盘、还盘、接受与签订合同，明确双方权利与义务	模拟性	4	必做
实验 3	信用证	开证、审证和改证	模拟性	4	必做
实验 4	装运与保险	办理货物运输和保险	模拟性	2	必做
实验 5	报检	办理进出口报检和报关	模拟性	2	必做
实验 6	制单结汇	缮制议付单据、结汇	模拟性	4	必做
实验 7	出口核销退税	办理出口核销退税	模拟性	2	必做
	撰写实习报告		综合性		必做

（三）实验步骤

（1）实验分组。两人为一组（自己寻找业务伙伴或由老师确定），其中一人担任出口商、供应商兼做出口地银行，另一人担任进口商兼做进口地银行。然后两人交换角色。老师公布每个学生的用户名及密码。

（2）登陆南北外贸实训仿真平台（或 Sim Trade 外贸实验平台）。

四、参考书目及平台

第一，笔者自编“国际贸易实务”实验指导书。

第二，黎孝先、王健著《国际贸易实务》，由对外经济贸易大学出版社 2016 年出版。

第三，孟祥年著《国际贸易实务操作教程》，由对外经济贸易大学出版社 2005 年出版。

第四，南北外贸实训仿真平台。

第二节　“国际贸易实务”实验内容

本节对“国际贸易实务”各实验项目进行具体说明。

一、实验 1：交易前的准备工作及建立业务关系

（一）实验目的

本实验主要是让学生在模拟的环境下，发布商业信息，寻找客户，掌握国际贸易中利用商务信函建立业务关系的方法，使贸易得以顺利进行。

（二）实验内容

交易前的准备工作包括出口和进口两个方面。出口交易前的准备工作包括：对国际市场的调查研究、对交易对象客户的调查和出口商品的商标注册。进口交易前的准备工作包括：进行市场调查、进行成本核算、报提进口货单、申请进口许可证、委托代理进口。

业务关系的建立是进行出口贸易的基础。在拟写建交函时，通常应体现以下基本内容：①在信函主体部分应侧重于如何引起对方的兴趣；②在信函结尾部分再次表明写信者的诚意和敬意，如“盼尽早回音，下订单或告知意见”等。

（三）实验主要仪器设备及材料

实验室南北外贸实训仿真平台。

二、实验 2：交易磋商（询盘、报盘、还盘、接受）与签订合同

（一）实验目的

本实验主要是使学生通过信函进行交易磋商，掌握商务信函的书写、交易磋商的步骤，以及培养学生遇到意外情况（如针对客户发盘时的一些刁难，以及要求降价、交换条件等）时的应变能力。因为该实验是在仿真的环境下进行的，所以要求学生独立操作，不得在操作时交谈。

（二）实验内容

交易磋商往往是伴随着一系列业务信函往来实现的。

（1）询盘（Enquiry）。询盘是买卖双方中的一方为出售或购买某商品向对方发出的一种发盘邀请。询盘本身不是发盘，询盘人不受所发询盘的约束，其作用是引起对方注意，诱使对方发盘。

（2）报盘（Offer）。报盘又称发价，是交易一方（发盘人）向另一方（受盘人）提出一定交易、签订合同的一种可定的表示。

（3）还盘（Counter-offer）。还盘是指受盘人接到发盘后，对发盘表示不接受，对发盘的内容不同意或不完全同意，向发盘人提出修改建议或新的限制条件的口头或书面的表示。

（4）接受（Acceptance）。在法律上称为承诺，指受盘人在发价有效期内无条件同意发盘的全部内容，并愿意签订合同的一种口头或书面的表示。

通过交易磋商，一方的发盘经另一方有效接受后，合同即告成立。双方受合同的约束，按照习惯做法，在交易达成后，一般要签订书面合同。

（三）实验主要仪器设备及材料

实验室南北外贸实训仿真平台。

三、实验 3：信用证的开证、审证和改证

（一）实验目的

本实验主要是使学生以中间人的角色掌握如何开出信用证、审证，以及买卖双方有异议时，根据开证申请人的意见进行改证。

（二）实验内容

信用证的开证是开证行根据开证申请人的申请和指示或为其自身需要，向受益人开立的，在符合信用证条款的条件下，凭规定的单据保证付款的证明文件。

在实际业务中，如对方按时开来信用证，应仔细审核。信用证是依据合同开立的，它的内容应与合同条款一致。从外贸公司的角度看，首先由通知行着重审核开证行的政治背景、资信能力、付款责任和索汇路线等内容；接下来，由出口公司着重审核信用证内容与买卖合同是否一致。

对信用证进行全面细致的审核之后，如果发现问题应区别问题的性质，分别同银行、运输、保险等有关部门研究，恰当妥善地处理。

（三）实验主要仪器设备及材料

实验室南北外贸实训仿真平台。

四、实验4：办理货物运输和保险

（一）实验目的

本实验主要是使学生掌握如何办理货物的运输和保险手续。

（二）实验内容

在国际贸易中，货物的运输通常需要通过国际长途运输来实现，而这种运输又往往要靠买卖双方的配合安排才能完成。同时，货物的交接要经过长途运输、装卸和存储等环节，遇到各种风险而遭受损失的可能性比较大，为了在货物遭受损失时能得到经济补偿，就必须办理货物的运输保险。一般情况下，买卖双方是根据合同中使用的贸易术语来决定由谁办理运输和保险。

（三）实验主要仪器设备及材料

实验室 Sim Trade 平台或南北外贸实训仿真平台。

五、实验5：办理进出口报检和报关

（一）实验目的

本实验使学生掌握如何进行货物的进出口报检和报关手续。

（二）实验内容

货物在出运之前，由海关对出口商品进行监督。因此出口公司在货物备妥并交运时，应向海关申报。按照《中华人民共和国海关法》的规定，进出境运输工具、货物、物品必须通过设有海关的地方进境或出境，如实向海关申报，接受海关监管。同理，进口时一般也要进行报检和报关。

（三）实验主要仪器设备及材料

实验室南北外贸实训仿真平台。

六、实验 6：缮制议付单据、结汇

（一）实验目的

本实验使学生掌握货物装运后，如何缮制信用证规定的有关单据，如提单、保险单、产地证等，并送交银行进行结汇。

（二）实验内容

货物装运后，出口企业应立即按照信用证要求，正确缮制发票等单据，并需在信用证规定的交单有效期内，将提单、保险单、产地证、商品检验证等各种单据，送交银行办理议付结汇手续。

（三）实验主要仪器设备及材料

实验室南北外贸实训仿真平台。

七、实验 7：办理出口核销退税

（一）实验目的

本实验使学生掌握在货物出口结关后，如何办理出口退税手续。

（二）实验内容

当货物办理完出口结关手续，出口企业向海关申领出口退税联，加上从外汇管理局申领的外汇核销联，到国税局办理出口退税手续。

（三）实验主要仪器设备及材料

实验室南北外贸实训仿真平台。

第三节　南北外贸实训仿真平台操作指南

一、系统简介

“南北外贸实训仿真系统”，是以“实战”为核心思想的外贸全真实训软件，从而有别于传统的“外贸辅助教学系统”。

该软件使用中国进出口企业的“实景全真案例”进行操作，并以“外贸商务师”“外贸报关员”“报检员”“企业管理职业经理人”等岗位的实际职业技能标准为指导，实现开拓国际市场、开发客户、商务谈判、签订合约、采购加工、报关报检、储运单证、核销退税、成本核算、资金管理、客户管理、风险管理、企业决策等全程外贸实训操作，从而培养学生的市场开拓能力、商务谈判能力、综合管理能力，并真正使学生具备外贸从业的实际工作能力。该系统具有以下九大特点。

（一）国内唯一以外贸 ERP 产品为基础研发的“外贸实训仿真系统”，集教学实训模式与企业运营模式于一身

南北公司是中国最大的外贸企业信息化服务提供商，“南北外贸 ERP 系统”已广泛应用于中国进出口企业。以进出口企业实际使用的 ERP 产品为基础研发的“南北外贸实训仿真系统”，附带了当今外贸企业正在普遍应用的实务操作知识、业务模型和管理模型，能够让教师、学生真实感受和体验当前中国外贸企业的业务形态、操作模式、核算模式以及企业运营管理的细节与精髓。系统涵盖出口、进口、来进料加工、转口、内贸等多种业务类型，以及自营、代理、服务等多种贸易形式，实现了“全流程多环节”完整的实训操作。同时，以雄厚的外贸 ERP 系统的技术底蕴为依托，“南北外贸实训仿真系统”也是我国目前唯一一套后台以完整、正确的数据流贯穿和支撑全部实训环节的实训系统。

（二）全部采用进出口企业实际案例进行实训练习，使院方实训教学和中国外贸业态同步发展

该系统精心收集、汇编了进出口企业典型的实际案例，以其作为实训内容，具有真实、实战性强的特点。教师也可以根据自身教学的特点，随时增加案例和练习内容，不断积累具有本校特色的教学手段。同时，南北公司依托自身外贸 ERP 系统广大的客户资源，实现“企业案例数据”与外贸实训教学系统中的“教学素材库”的对接和定期更新，从而以“外贸实训教学系统”

为纽带，使院方的实训教学和中国外贸业态保持同步发展。

（三）“知识资讯型”＋“导师型”的实训系统，倡导“项目教学思想”

该系统以“项目教学和实务操作”为导向、以“能力提升”为核心、以“案例分析”为载体、以“业务流程操作”为手段，贯穿国际贸易适用的法律、惯例、做法等“实务操作知识”，深度解读、总结、学习、验证一线专业外贸从业人员的工作经验和惯性思维模式。

“知识资讯型”的作用在于，实务操作知识和常识既可以用于教师的备课、授课，也可以用于学生通过自助方式进行自学和查阅。

“导师型”的作用在于，学生在具备了基本知识的基础上，“能力提升”成为关键和目标。因此，南北公司调用自身资源，汇集了众多国有、合资、民企资深一线外贸从业精英，系统提炼和总结了外贸从业者的“惯性思维模式”和“工作经验”，诠释了进行某项工作时，应从哪些方面去思考解决的途径、重点的关注点和要素有哪些、应该注意防范哪些风险以及规避风险的措施是什么等，使学生深刻理解业务如此执行的深层次原因，揭秘业务的本质和内涵，学会使用和外贸从业高手一样的思维方式去看待问题和处理问题。此内容来源于一线外贸从业人员并经过模型化的梳理和提炼，具有宝贵的社会价值和实践价值。

（四）独特的“多模式实训系统”和“互动式仿真系统”

该系统提供多种实训模式：教师授课模式、自学（自助）模式、仿真实训模式、自由练习模式等。同时，系统提供了多岗位多角色，用于学生交叉演练。

1. 提倡“自学（自助）模式”

通过“自学（自助）模式”，提倡学生课外的自主学习和自助学习，充分发挥系统的“知识资讯型”+“导师型”的优势，使实训不再单一依托于课堂和教师，为“实训课程”开辟了新的“教与学”的模式。

2. 独特的“仿真实训模式”

本系统独创的“实训仿真模式”，与飞行员正式飞行前使用的仿真系统的作用类似，更为强调将学生“通过案例置于动态变化的业务环境中”，并和系统之间进行“实时互动”。通过软件系统对学生现场做出的结论进行互动方式的评价和纠正，使学生对“实务操作知识”“正确的惯性思维模式和工作经验”以及“教学重点”等，进行强化理解和记忆，进而形成一定的程式化的反应（即条件反射）。同时，极大地提高学生的实际动手操作能力。

3. 根据课程需要，使用方式上可选择使用“流程实训”或“环节实训”

（1）流程实训。按照外贸业务流程，将所有业务环节按照顺序进行实训。

环节和环节之间具有制约关系，未完成前面的环节，不可开展后续环节。本模式通常用于学期结束前的“综合性演练”。

（2）环节实训。可以基于某个实务环节单独进行实训，而不受控于前面的业务环节。通常用于配合日常教师的具体课程。

（五）使用外贸企业的各种商业实际范本，并全部采用“所见即所得”的实训界面，以达到完全仿真

1. 商业范本

系统提供中国进出口企业最为全面、有效、实用的商务合同和协议文本，有利于提高对新产品、新业务的开发能力、认知能力。

2. 函电格式

系统提供当前外贸企业正在使用的最有实效的往来函电格式，提高学生的实际业务技能，使学生获得实际工作过程中必备的“工具箱”。

3. 外贸单证，以及海关、银行、货代等标准单证单据

系统提供外贸企业标准的全套外贸单证，以及目前政府机关，如海关、银行、货代普遍使用的标准单据、单证格式，使学生提前接触和熟悉今后的工作内容。

（六）汇率、进出口税则等基础信息，实现系统自动更新

系统自带丰富的商品信息、国际国内港口资料以及最新的汇率、进出口税则等，这些数据可以通过教师端随时进行手工调整，或者通过系统自带接口，实现每天自动导入（如中行网站汇率），或者定期自动导入（如进出口税则等）。

（七）独创实训单据全部“系统自动评判”，将教师从繁重的“判卷工作”中解脱出来

基于实训案例的标准答案，系统自动对学生的实训单据进行评判、纠错、评分等。同时，也支持教师人为干预。

例如，对于判卷工作量较大的单证制作，该系统采用先进的“自动评判技术”，可以处理单证中的英文不同语法表达、简写等，圆满解决了“判断英文书写二义性”（即多种写法都正确）的难题，从而对学生的实训单据完全实现“系统自动评判对错”，并将教师在实训课程中的工作量降至最低。

（八）多学科综合体验，培养应用型、复合型人才

系统涉及外贸实务操作、财务管理、资金运作、统计、企业经营管理等

多种学科知识体系，并融会贯通于软件之中。学生通过实训和模拟，可对相关知识体系进行实践、验证、学习和提优补差。

因此通过该系统，学生不但能锻炼成为“外贸通”，同时还能成为“财务通”“管理通”，最终达到培养和锻炼复合型人才的目的。

（九）营造实习环境、提高学生就业竞争力

学生通过系统所快速、全面地掌握的业务和管理资讯，是通过实习乃至短期工作都无法触及和掌握的。因而，在当前实习单位联系困难的社会背景下，南北外贸实训教学系统从另外一个渠道为学生营造出良好的实习环境。同时，该系统对提高学生实际工作技能、个人综合职业素质以及提升学生在就业过程中的核心竞争力，都有着较大的推动作用和现实意义。

二、南北外贸实训教学系统软件介绍

（一）系统概述

南北外贸实训教学系统产品架构图见图 1-1。

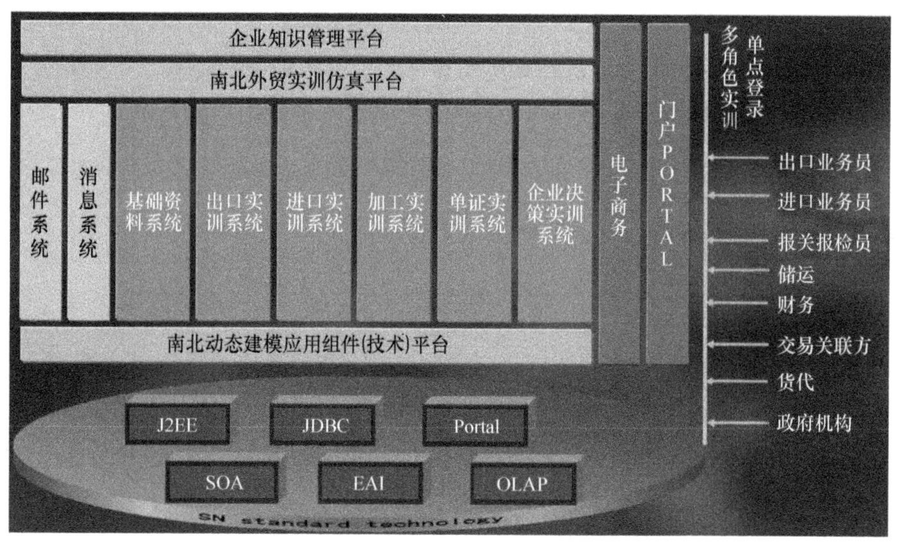

图 1-1　南北外贸实训系统产品架构图

1. 提供全面的实训环节

系统提供客户管理、商品管理、报价、询价、签约、信用证、采购（原料 / 成品）、加工（含来进料加工）、入出库、出运、报关、报检、储运、单证、核销、退税、出口信用险、加工手册、国外收汇、国内收款、付汇、国内费用支付、结算、索赔、决策（成本风险控制、资金风险控制、利润分析、业务统计）等完整的实训流程和环节。

2. 提供多岗位多角色，用于学生交叉演练

系统完整模拟国际贸易环境和我国外贸企业所有业务流程，具有符合国际惯例的计算方式和操作模式。完善的角色划分体系涵盖业务员、单证员、报关报检员、储运部门、财务部门、业务部经理、总经理等各个角色，以及海关、银行、政府机关等辅助角色。学生通过角色互换和交叉演练，互相配合进行业务模拟，老师进行监督和指导。

3. 提供多种实训模式

（1）实训模式。系统提供多种实训模式，包括教师授课模式、自学（自助）模式、仿真实训模式、自由练习模式等。

（2）应用方式。根据课程需要，应用方式上可以选择使用“流程实训”或“环节实训”。

（3）考试方式。可以选择使用闭卷方式、开卷方式。

（二）基础资料管理

1. 商品管理

系统构建了详细的商品资料库（见图 1–2），登记装箱信息、图片信息；系统根据所属海关商品码，定期自动维护和更新各种进出口税则数据。

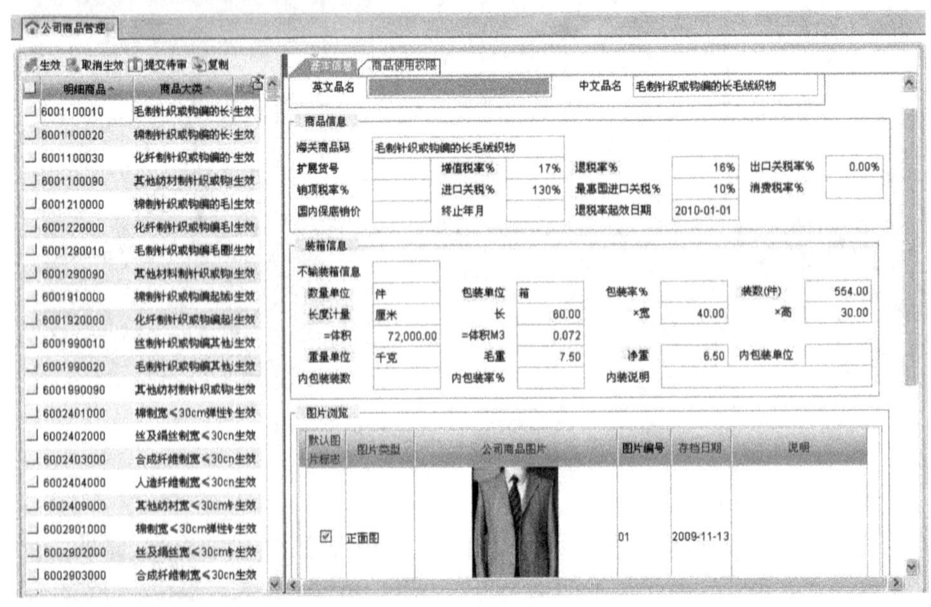

图 1–2　商品资料库登记的商品信息

2. 客户管理

系统对国外客户、国外供应商、国内客户、国内供应商、加工企业、服务商等进行登记和注册，如公司名称、所在地区、联系人、邮政编码、详细地址、传真、电话、电子邮件、开户银行和账号、指定货代等信息，见图 1–3。

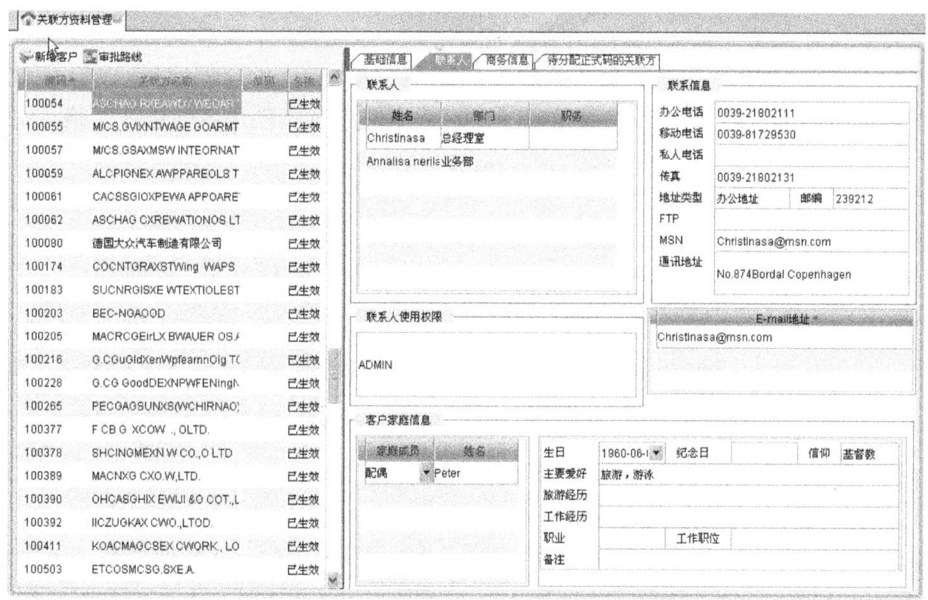

图 1–3　客户管理系统登记的关联方信息

3. 汇率管理

系统提供各币种最新的银行买入价、卖出价、中间价；和中国银行网站自动挂接，并自动下载当天最新汇率。

4. 港口资料和运价管理

系统提供国际、国内主要港口、航线信息，实训系统可以每天从真实物流公司网站自动下载最新航线运价。

5. 进出口商品税则

系统可自动导入和更新海关最新税则和监管条件，申报要素信息；可和出口退税系统联网，自动导入和更新最新商品退税率。

6. 角色设置

（1）人员管理。使用人员注册（教师、学生）。

（2）操作权限和数据权限。操作权限，指实训系统中模块（菜单）的操作和使用权限。操作权限（菜单权限）可以按照人员或者岗位设置。

但是，对某菜单具有操作权限，并不意味着此人可以查询到所有部门的数据。数据查询范围的控制，依赖于“数据权限”的设定。数据权限也可以按照人员或者岗位设置。

（3）角色（岗位）管理。实训系统中，已经配置好了当前进出口企业所普遍采用的标准角色（岗位），以及此角色对应的操作权限（菜单权限）和数据权限，见表 1–2。

当某个学生被教师赋予“某个角色或多个角色”后，则自动具有了此岗位相应的“操作权限”和“数据权限”，从而使学生实现角色的快速互换。

表 1–2　实训系统角色清单

角色（岗位）	实训内容
出口业务员	客户注册、商品注册、询盘、报盘、还盘、出口合同签约、采购合同签约、出口信用证审证、出运通知、申领出口核销单、收汇认领、出口佣金支付、出口费用支付、索赔处理、业务终结、业务利润核算、应收账款分析、出口成交统计、出口出运统计、企业经营控制模型（成本控制 / 资金风险控制）
出口部经理	报价审批、合同审批、付款审批并运用控制模型（成本控制 / 资金风险控制）
国内采购部经理	商品入库、商品出库、调拨、加工、库存管理、采购货款支付、加工费支付
进口业务员	签约、开证申请、国内收款认领、进口到货登记、到单审单、付汇申请、进口税费支付申请、进口结算、开票通知、业务终结、业务利润核算、应收账款分析、进口成交统计、进口到货统计、企业经营控制模型（成本控制 / 资金风险控制）
进口部经理	合同审批、付款审批并运用控制模型（成本控制 / 资金风险控制）
储运部单证员	出口报关单证、出口结汇单证、出口交单议付、进口单证
储运部综合管理员	进出口报关、报检、租船订舱、保险、储运进程、海关加工手册、进出口业务费用支付
储运部核销专员	核销单：购回登记、发放、交单、核销、预警管理
财务经理	出口收汇、押汇、结汇、国内收款登记、付款审批并运用控制模型（成本控制 / 资金风险控制）、实付信息登记、核销、退税申报和办理
总经理	运用企业决策模型进行决策分析
其他辅助角色：货代、进口地银行、出口地银行、保险公司、商检局、海关、外汇管理局、国税局	单据交付、业务批复、相关实务操作常识

（三）进出口实训系统

1. 出口系统

出口系统实训内容见表 1–3。

表 1–3　出口系统实训内容

流程	环节	实训内容
自营出口	商业机会	出口报价、采购询价
	出口签约	出口合同
	国内采购	国内成品采购合同、成品采购入库单、库存查询
	出口信用证	审证、改证
	出运	出运通知
	单证	出口报关单证、出口结汇单证、出口交单议付
	储运	报关、报检、租船订舱、保险、储运进程、业务费用支付
	出口核销	出口核销单：购回登记、发放、交单、核销、预警管理
	票据和资金收付	出口收汇、押汇、结汇、国内收款登记、费用支付并运用控制模型（成本控制 / 资金风险控制）
	财务专项	出口收汇、押汇、结汇、付款审批并运用控制模型（成本控制 / 资金风险控制）、实付信息登记、核销、退税申报和办理
	综合业务	审批、单据认领、业务终结
	决策查询	出口业务卷宗查询、出口成交统计、出口出运统计、在手业务统计、利润分析、应收账款分析

自营出口业务流程图见图 1–4。

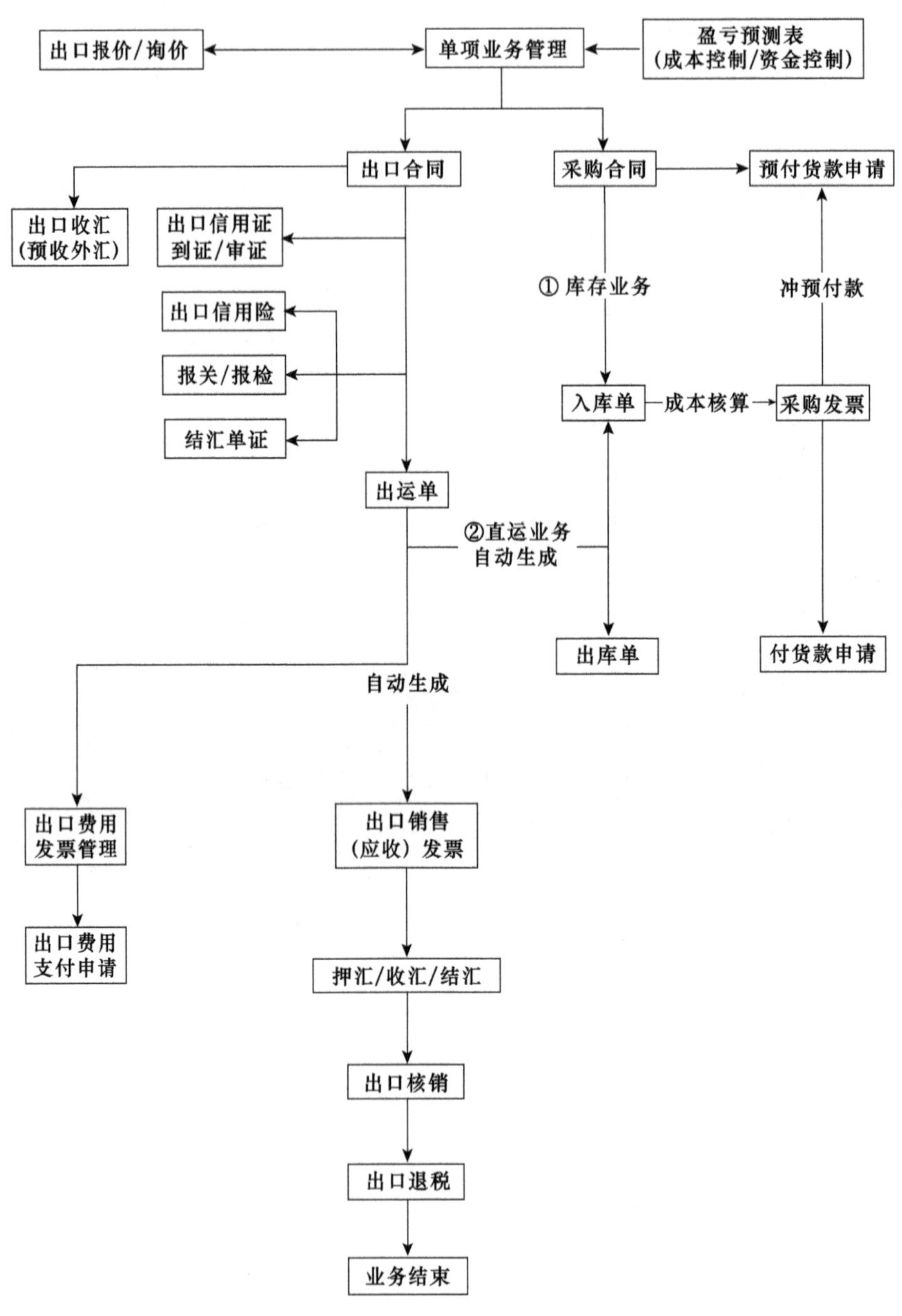

图 1–4　自营出口业务流程图

出口合同见图 1–5。

自营出口合同

生成下级单据　复制本单据　查询　版本修改

导航图 | 出口合同 | 案例背景 | 案例分析 | 实训信息 | 后续其他实训 | 盈亏预测表 | 范本下载 | 历史版本查询

CONTRACT

编号：No：ZJJY09116

日期：Date：December 1, 2009

签约地点：Signed at：杭州（HangZhou）

卖方：Sellers：浙江金苑进出口有限公司

地址：Address：浙江杭州市学源街118号　　邮政编码：Postal Code：310000

电话：Tel：0571-83675620　　传真：Fax：0571-83675620

买方：Buyers：Allchik AG

地址：Address：Unterfeldstrasse 90, CH-8340　　邮政编码：Postal Code：

电话：Tel：0041-43-8436666　　传真：Fax：0041-43-8436667

买卖双方同意按下列条款由卖方出售，买方购进下列货物：

The sellers agrees to sell and the buyer agrees to buy the undermentioned goods on the terms and conditions stated below:

Card	No.	Commodity	Commodity(EN)	Number of Client	Quantity	Unit	Unit(EN)	Unit Price	Amount
	1	019161.60	Aluminum Spirit Lev	19161.60	2,400.00	把	PC	5.00	12,0
	2	019161.80	Aluminum Spirit Lev	19161.80	3,600.00	把	PC	5.70	20,5

图 1–5　出口合同

出口信用证见图 1–6。

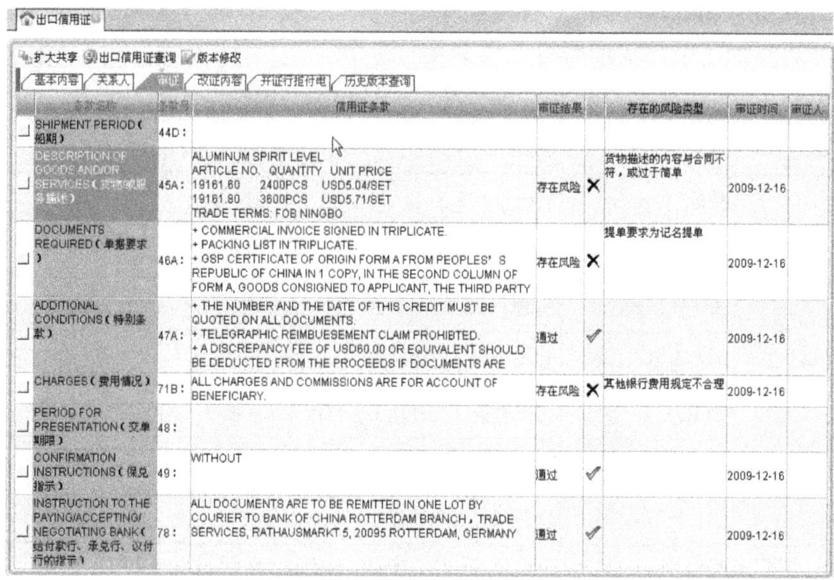

出口信用证

扩大共享　出口信用证查询　版本修改

基本内容 | 关系人 | 审证 | 改证内容 | 开证行指付电 | 历史版本查询

条款名称	条款号	信用证条款	审证结果		存在的风险类型	审证时间	审证人
SHIPMENT PERIOD（船期）	44D：						
DESCRIPTION OF GOODS AND/OR SERVICES（货物或服务描述）	45A：	ALUMINUM SPIRIT LEVEL ARTICLE NO.　QUANTITY　UNIT PRICE 19161.60　2400PCS　USD5.04/SET 19161.80　3600PCS　USD5.71/SET TRADE TERMS: FOB NINGBO	存在风险	×	货物描述的内容与合同不符，或过于简单	2009-12-16	
DOCUMENTS REQUIRED（单据要求）	46A：	+ COMMERCIAL INVOICE SIGNED IN TRIPLICATE. + PACKING LIST IN TRIPLICATE. + GSP CERTIFICATE OF ORIGIN FORM A FROM PEOPLES' S REPUBLIC OF CHINA IN 1 COPY, IN THE SECOND COLUMN OF FORM A, GOODS CONSIGNED TO APPLICANT, THE THIRD PARTY	存在风险	×	提单要求为记名提单	2009-12-16	
ADDITIONAL CONDITIONS（特别条款）	47A：	+ THE NUMBER AND THE DATE OF THIS CREDIT MUST BE QUOTED ON ALL DOCUMENTS. + TELEGRAPHIC REIMBUESEMENT CLAIM PROHIBTED. + A DISCREPANCY FEE OF USD60.00 OR EQUIVALENT SHOULD BE DEDUCTED FROM THE PROCEEDS IF DOCUMENTS ARE	通过	✓		2009-12-16	
CHARGES（费用情况）	71B：	ALL CHARGES AND COMMISSIONS ARE FOR ACCOUNT OF BENEFICIARY.	存在风险	×	其他银行费用规定不合理	2009-12-16	
PERIOD FOR PRESENTATION（交单期限）	48：						
CONFIRMATION INSTRUCTIONS（保兑指示）	49：	WITHOUT	通过	✓		2009-12-16	
INSTRUCTION TO THE PAYING/ACCEPTING/NEGOTIATING BANK（给付款行、承兑行、议付行的指示）	78：	ALL DOCUMENTS ARE TO BE REMITTED IN ONE LOT BY COURIER TO BANK OF CHINA ROTTERDAM BRANCH，TRADE SERVICES, RATHAUSMARKT 5, 20095 ROTTERDAM, GERMANY	通过	✓		2009-12-16	

图 1–6　出口信用证

出口货物委托书见图 1–7。

自营出口出运单

撤消红冲发货单 单证 查询 红冲出运单

实训信息 出口明细单 盈亏预测表 打印文件 历史版本查询

出口货物明细单

2010 年 7 月 30 日

编号：0009

发货人 Consigner	ZHEJIANG JINYUAN IMPORT AND EXPORT CO., LTD NO.118 XUEYUAN STREET, HANGZHOU, CHINA	承运人 Shipping Agency	浙江双马国际货运有限公司
抬头人 Shipper	ZHEJIANG JINYUAN IMPORT AND EXP(	信用证号 L/C NO.	ZH/DOC/8060	开证日期 Issue Date	2009-12-15
收货人 Consignee	TO ORDER	汇票付款人 Drawer		银行编号 Bank No.	
通知人 Notify	ALLCHIK AGUNTERFELDSTRASSE 90,	货物性质 Type of Shipment	□ 贸易 □ 补偿 □ 退运
出口口岸 Port of loading	NINGBO, CHINA	目的港 Port of Discharge	ROTTERDAM, SWITZE	卸货地点 Place of discharge	
贸易国别（地区）Nation		成交条件 Trade Term		转运 Transfer	☑	分批 Partial	□
装运期限 Date of Shipment	2010-01-10	运费 Freight		订舱有效期限 Valid date	2010-01-15	提单份数 No.of Original B/L	3

标记唛码 Marks and Nos	货名规格及货号 Description of Goods	件数及包装样式 Quantity	毛重 G.W.(kg)	净重 N.W.(kg)	体积 Meas.
	ALUMINUM SPIRIT LEVEL	100CARTONS	1660KGS	1550KGS	6.912CBM

图 1–7　出口货物委托书

2. 来进料加工系统

来进料加工系统实训内容见表 1–4。

表 1–4　来进料加工系统实训内容

流程	环节	实训内容
来进料加工	核价	核价单
	国内原料采购	国内原料采购合同、原料入库、原料调拨
	来进料采购	来进料采购合同、进口到货、来进料入库
	海关备案	加工手册、核销
	加工	加工合同、委外加工、作价加工、成品入库
	票据和资金收付	国内支付原料款、进料付汇、作价销售开票、作价应收应付清算
	出口环节	同正常自营出口流程

来进料加工系统流程图见图 1–8。

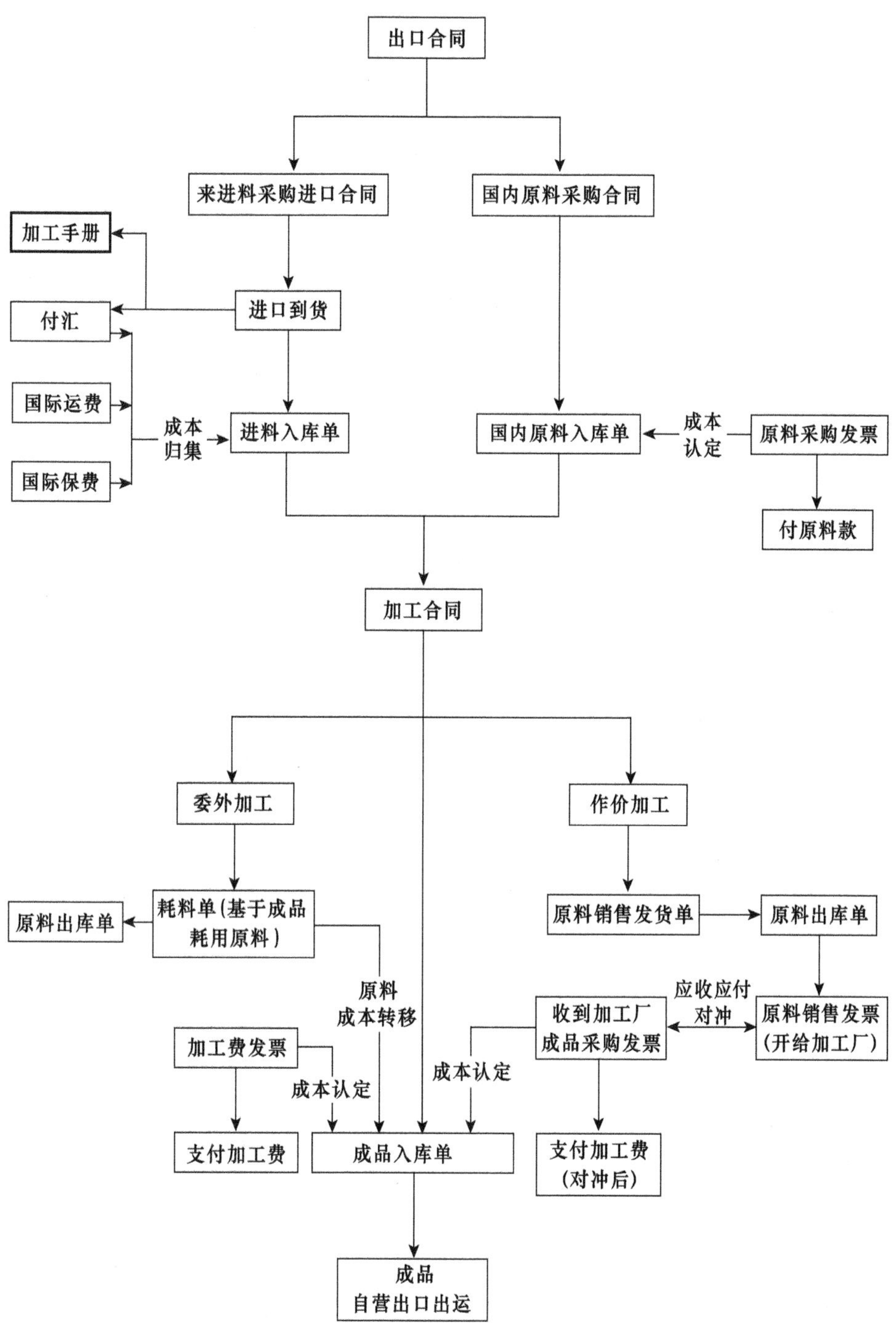

图 1-8　来进料加工系统流程图

本系统包含当前中国进出口企业“来进料加工业务”涉及的所有业务形态。

（1）成品直采（委托付款）模式。进出口公司从加工厂购买成品，并指定加工厂从指定的供应商购买原料。在业务过程中，进出口公司和料件厂之间无合同契约关系。依据加工厂的委托付款证明，进出口公司直接支付料件厂商的料件款，而不由加工厂转付。

（2）作价加工模式。进出口公司采购国内主要原料后，销售给加工厂。加工成为成品后，再将成品买断回来（内含加工厂的加工费和厂自购原料费）。

（3）委外加工模式。进出口公司购买主要原料后，送加工厂加工（不销售给加工厂），成品生产后单独支付加工厂加工费（及厂自购原料费）。

核价单（适用于服装、轻工等行业）见图 1–9。

①学习和掌握核价单计算模型。

②根据核价结果，计算出口单品的利润率、换汇比。

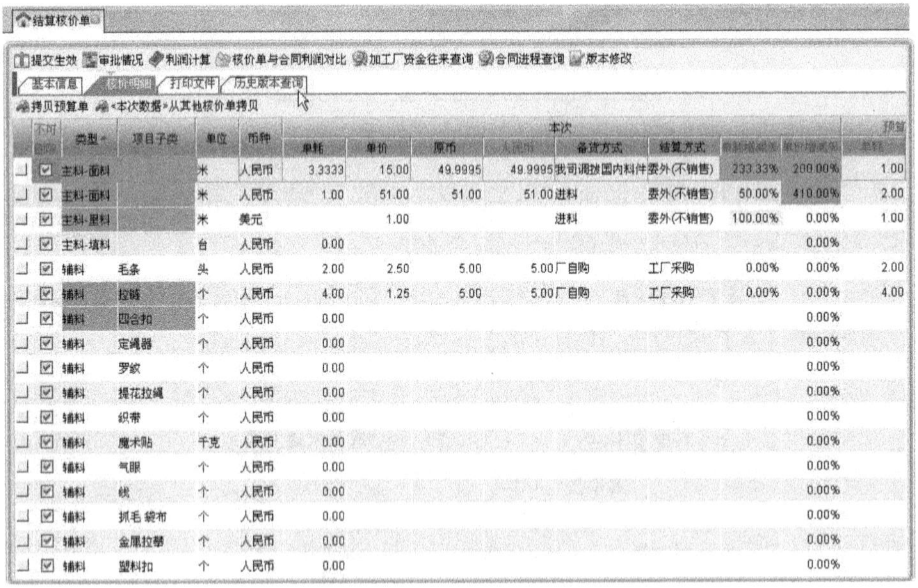

结算核价单

提交生效　审批情况　利润计算　核价单与合同利润对比　加工厂资金往来查询　合同进程查询　版本修改

基本信息　核价明细　打印文件　历史版本查询

拷贝预算单　<本次数据>从其他核价单拷贝

类型	项目子类	单位	币种	本次 单耗	单价	原币	人民币	备货方式	结算方式	单耗增减%	单价增减%	预算 单耗
主料-面料		米	人民币	3.3333	15.00	49.9995	49.9995	我司调拨国内料件	委外(不销售)	233.33%	200.00%	1.00
主料-面料		米	人民币	1.00	51.00	51.00	51.00	进料	委外(不销售)	50.00%	410.00%	2.00
主料-里料		米	美元		1.00			进料	委外(不销售)	100.00%	0.00%	1.00
主料-填料		台	人民币	0.00							0.00%	
辅料	毛条	头	人民币	2.00	2.50	5.00	5.00	厂自购	工厂采购	0.00%	0.00%	2.00
辅料	拉链	个	人民币	4.00	1.25	5.00	5.00	厂自购	工厂采购	0.00%	0.00%	4.00
辅料	四合扣	个	人民币	0.00							0.00%	
辅料	定绳器	个	人民币	0.00							0.00%	
辅料	罗纹	个	人民币	0.00							0.00%	
辅料	提花拉绳	个	人民币	0.00							0.00%	
辅料	织带	个	人民币	0.00							0.00%	
辅料	魔术贴	千克	人民币	0.00							0.00%	
辅料	气眼	个	人民币	0.00							0.00%	
辅料	线	个	人民币	0.00							0.00%	
辅料	抓毛 袋布	个	人民币	0.00							0.00%	
辅料	金属拉襻	个	人民币	0.00							0.00%	
辅料	塑料扣	个	人民币	0.00							0.00%	

图 1–9　结算核价单

模拟和实训内容包括料件采购、调拨的全部环节。①原料多种备货方式：我司采购调拨、厂自购。②区分国内料件、来进料两种类型。③和原料供应商、加工厂之间的资金结算。

《海关加工手册》申报、核销、关闭等。

3. 进口系统

进口系统实训内容见表 1–5。

表 1–5　进口系统实训内容

流程	环节	实训内容
自营进口	签约	进口采购合同、国内销售合同
	进口信用证	进口开证申请、信用证付汇查询、委托方保证金查询
	进口采购	到单审单 / 承付、进口到货、进口商品入库
	进口报关报检	进口报关报检、进口单证
	销售发货	销售发货单、出库单、库存查询
	票据和资金收付	进口付汇、进口税费支付、单项业务资金盈余（代理进口资金风险控制模型）
	结算	国内销售发票
	综合业务	审批、单据认领、业务终结
	财务专项	国内收保证金、实付信息登记、进口核销、进口商品成本核算
	决策查询	进口业务卷宗查询、进口成交统计、进口到货统计、销售统计、在手业务统计、利润分析、应收账款查询

自营进口业务流程图见图 1–10。

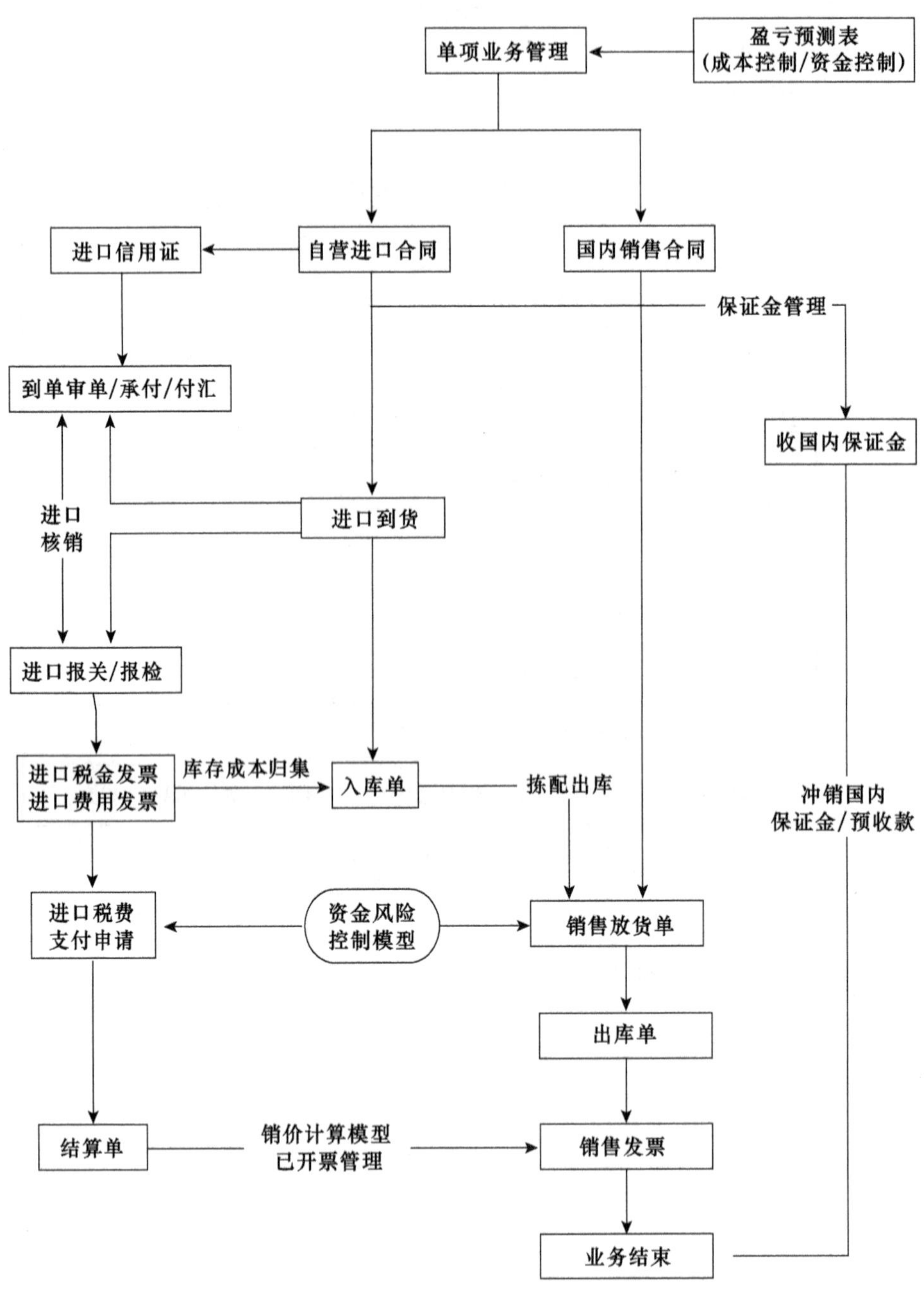

图 1-10　自营进口业务流程图

进口合同见图 1-11。

一般贸易进口合同

生成【下级单据】 复制本单据 查询

进口合同 / 实训信息 / 盈亏预测表 / 范本下载 / 关联合同 / 历史版本查询

CONTRACT

合　同

Contract No. 合同号: 10GF1-B0006　Date 日期: Mar.01, 2010

THE BUYER 买方: GUANGDONG XINYUE TRADE DEVELOPMENT CO. LTD.

Address 地址: ROOM 1907, NO.66 JIANJI ROAD,GUANGZHOU,CHINA

Tel 电话: 86-20-89406161　Fax 传真: 86-20-89406169

THE SELLER 卖方: KARLSBERG BRAUEREI GMBH

Address 地址: KARLSBERGSTRABE 62 66424 HOMBURG (SAARPFALZ) GERMANY

Tel 电话: 06841-1150　Fax 传真: 06841115269

This Contract is made by and between the Buyer and the Seller, whereby the Buyer agrees to buy and the Seller agrees to sell the under-mentioned commodity according to the terms and conditions stipulated below:

本合同由买卖双方签订，根据本合同规定的条款，买方同意购买、卖方同意出售下述商品：

1.1 COMMODITY AND PRICE 货物和价格

	No.	Commodity	规格型号Specification	Commodity(EN)	Quantity	Unit	Unit(EN)	currency	Unit Price
	10	B49HJS01	无	Black Baron, Bla	38,016.00	罐	TIN	EUR	
	20	B47BRS01	无	Becker's Black	3,600.00	罐	TIN	EUR	

图 1-11　进口合同

进口信用证开证见图 1-12。

进口信用证开证申请

查询 版本修改

基本信息 / 中行进口信用证开证申请 / 改证内容登记 / 打印文件 / 历史版本查询

中国银行
BANK OF CHINA

IRREVOCABLE DOCUMENTARY CREDIT APPLICATION (UCP600)

TO: **BANK OF CHINA**

开证方式:

全电开证ISSUE BY TELETRANSMISSION

CONTRACT NO（合同号）	10GF1-B0006
IRREVOCABLE DOCUMENTARY CREDIT NO.(信用证编号)	LC442051000727
DATE OF EXPIRY(信用证效期 年 月 日)	2010-04-15
PLACE OF EXPIRY(信用证效地)	GERMANY

APPLICANT

GUANGDONG XINYUE TRADE DEVELOPMENT CO. LTD.

BENEFICIARY

KARLSBERG BRAUEREI GMBH

图 1-12　进口信用证开证

进口报关单证如图 1–13。

进口报关单证

版本修改

基础信息 | 报关委托书 | 报检委托书 | 报关单 | 范本下载

中华人民共和国海关进口货物报关单

预录入编号：708205490　　海关编号：520120101010014997

进口口岸	备案号	进口日期	申报日期
黄埔港		2010-04-19	2010-05-05

经营单位	运输方式	运输工具名称	提运单号
广东新粤贸易发展有限公司	水路运输	中达03/520101004270	w100375

收货单位	贸易方式	征免性质	征税比例
广州市亿泉贸易有限公司	一般贸易	一般征税	0

许可证号	起运国（地区）	装货港	境内目的地
	德国	香港	广州

批准文号	成交方式	运费	保费	杂费
	C&F		费率 0.3%	

合同协议号	件数	包装种类	毛重（公斤）	净重（公斤）
10GF1-B0006	3,384	纸箱	40,276	36,563

集装箱号	随附单据	用途
2	A	

标记唛码及备注

N/M 2X20(签：100302，【装卸口岸：珠码头】KARLSBER) 随附单据号：442100110056914000 集装箱号：NYKU2636393 TRLD9267850

图 1–13　进口报关单证

4. 外贸单证实训系统

南北外贸单证实训系统，提供多种国标单证格式，并通过实训系统，传授各种单证的作用、缮制方法及制单要点。

系统含“报关单证”和“结汇单证”两大类内容，包括商业发票、汇票、普惠制产地证、一般原产地证、装箱单、报关单、报关委托书、保险单等各类单证。

出口合同和信用证，是出口单证工作的基础性文件和缮制的主要依据之一，其内容对单证工作有直接的影响。学生在实训过程中进行缮制和填写单证时，系统具有自动纠错功能，可现场进行互动式纠正和指导，正确给出提示，以强化实训效果。同时，系统对每一种单据提供详细的缮制指导。

单证实训系统，内容包括实务单证范例、单证模版管理、学生单证练习等。

出口报关单证见图 1–14。

出口报关单证　关闭

版本修改

基础信息　出口发票　装箱单　报检委托书　报关委托书　报关单　范本下载　历史版本查询

PACKING LIST

From
ZHEJIANG JINYUAN IMPORT AND EXPORT CO., LTD.
NO.118 XUEYUAN STREET, HANGZHOU, CHINA

To
ALLCHIK AG
UNTERFELDSTRASSE 90, CH-8340 HINWIL,SWITZERLAND

Invoice No.: JY09179
Invoice Date:
S/C No.: ZJJY09116
S/C Date:

The Place of Receipt: NINGBO, CHINA　The Port of Loading: NINGBO, CHINA
The Place of Delivery: ROTTERDAM, HOLLAND　The Port of Destination: ROTTERDAM, HOLLAND
B/L No.: NGBFXT001568　Vessel:

Marks and Numbers	Number and kind of package Description of goods	Quantity	PACKAGE	G.W	N.W	Meas.
	ALUMINUM SPIRIT LEVEL ARTICLE NO.:19161.60	2400 pcs	40CARTONS	640.00 KG	600.00	2.304
	ALUMINUM SPIRIT LEVEL	3600 pcs				

图 1–14　出口报关单证

出口结汇单证见图 1–15。

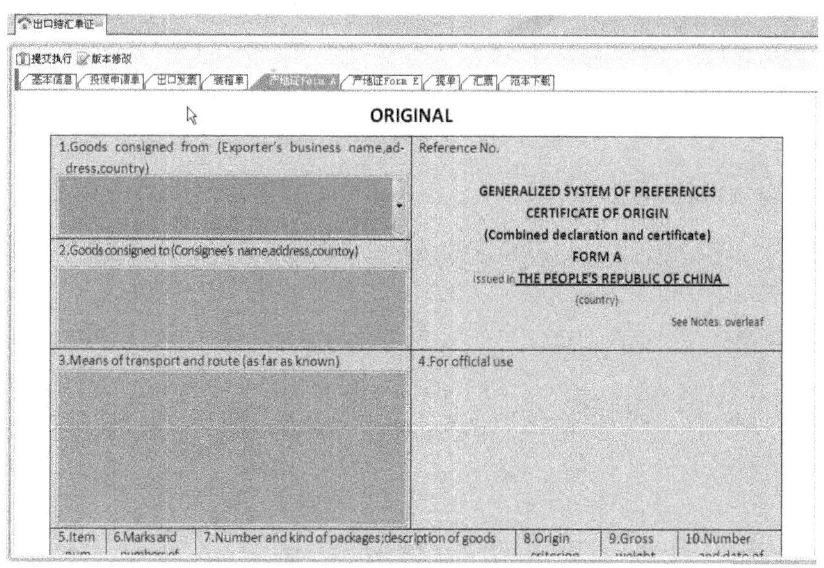

出口结汇单证

提交执行　版本修改

基本信息　投保申请单　出口发票　装箱单　产地证 Form A　产地证 Form E　提单　汇票　范本下载

ORIGINAL

1.Goods consigned from (Exporter's business name,address,country)

Reference No.

GENERALIZED SYSTEM OF PREFERENCES
CERTIFICATE OF ORIGIN
(Combined declaration and certificate)
FORM A
Issued in THE PEOPLE'S REPUBLIC OF CHINA
(country)
See Notes. overleaf

2.Goods consigned to (Consignee's name,address,countoy)

3.Means of transport and route (as far as known)

4.For official use

5.Item　6.Marks and　7.Number and kind of packages;description of goods　8.Origin　9.Gross　10.Number

图 1–15　出口结汇单证

5. 企业决策实训系统

南北公司外贸专家经过多年的研究，将上百家中国外贸龙头企业的管理经验和决策模型进行梳理和总结，并结合自身的管理理念和研究成果，将进出口企业决策与分析模型提升到了新的高度，实现企业经营驾驶舱管理和 BI 决策分析。

将这些模型纳入实训系统，使学生了解处在不同生命周期阶段的外贸企业目前采用的分析方法和模型；为高等院校的优秀毕业生，今后成为企业中高级管理人才并逐步走上领导岗位，提供必要的知识储备。

本实训系统中提供比率分析、比较分析、趋势分析、因素分析等多种统计和分析方法。

企业决策实训系统的内容见图 1–16。

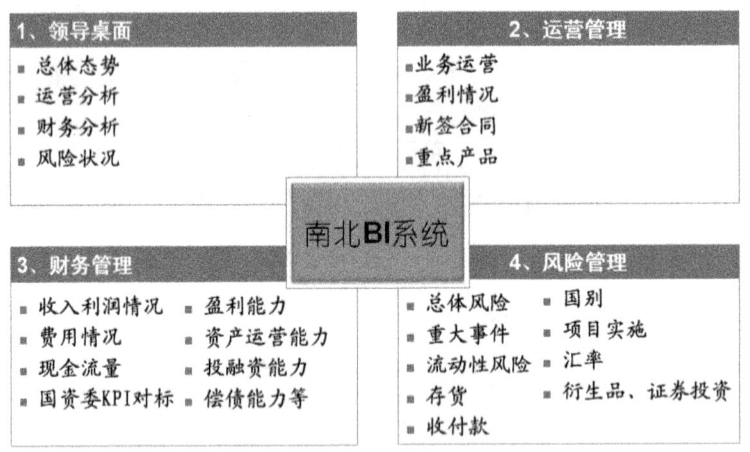

图 1–16　企业决策实训系统

重要经营指标见图 1–17。

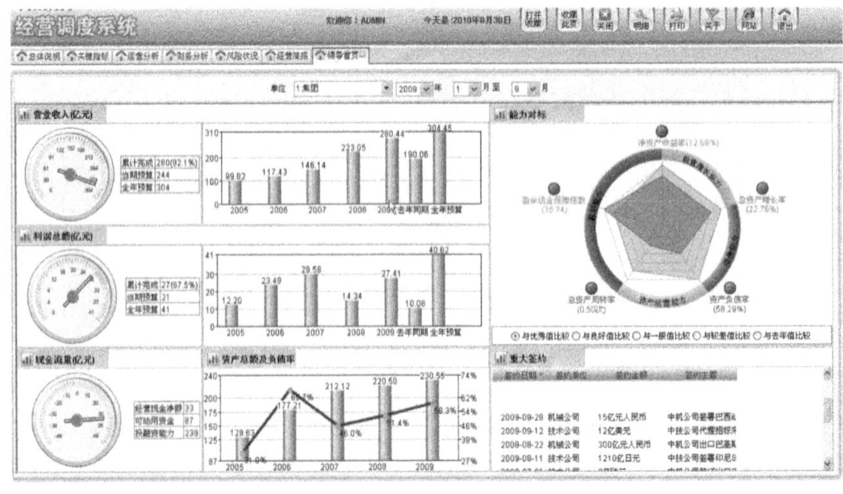

图 1–17　重要经营指标

财务指标分析见图 1–18。

国资委综合KPI评价

分类	项目	价值方向	评价结论	企业值	去年同期	优秀值	良好值	平均值	较低值
一、盈利能力	净资产收益率(%)	越高越好	良好	12.68	10.57	15.50	12.40	7.90	1.20
	总资产报酬率(%)	越高越好	较差	5.56	4.71	11.10	9.20	5.80	1.00
	主营业务利润率(%)	越高越好	较差	10.62	14.90	26.60	20.10	13.50	8.10
	盈余现金保障倍数	越高越好	优秀	35.74	8.61	12.80	5.70	1.60	0.10
	成本费用利润率(%)	越高越好	一般	8.50	16.56	15.50	11.90	6.90	2.60
	资本收益率(%)	越高越好	良好	17.48	14.12	18.20	13.30	8.60	2.60
二、资产运营能力	总资产周转率(次)	越高越好	较差	0.50	34.00	2.10	1.50	0.80	0.40
	应收账款周转率(次)	越高越好	优秀	24.00	34.74	0.00	0.00	0.00	0.00
	不良资产比率(新制度)	越低越好	优秀			0.20	0.80	2.00	4.90
	流动资产周转率(次)	越高越好	优秀	81.11	47.28	3.70	2.90	1.90	1.00
	资产现金回收率(%)	越高越好	较差	3.70	0.38	21.70	14.90	6.50	0.90
	存货周转率(次)	越高越好	优秀	36.79	38.25	0.00	0.00	0.00	0.00
三、偿债能力	资产负债率(%)	越低越好	一般	58.29	51.44	43.50	53.20	60.50	76.80
	已获利息倍数	越高越好	较差		17.05	7.70	4.90	3.10	0.60
	速动比率(%)	越高越好	较差		116.30	137.40	110.40	75.20	57.40
	现金流动负债比率(%)	越高越好	较差	6.23	0.78	36.10	28.30	16.60	1.20
	带息负债比率(%)	越低越好	优秀		13.55	21.80	31.10	45.40	67.40
	或有负债比率(%)	越低越好	良好	1.00		0.20	1.70	5.60	11.60
四、经营增长能力	销售(营业)增长率(%)	越高越好	一般	14.56	33.03	26.90	19.80	12.20	2.20
	资本保值增值率(%)	越高越好	优秀	120.42	74.35	115.20	111.70	107.30	101.10
	销售(营业)利润增长率	越高越好	较差	3.24	39.22	23.30	16.80	8.40	7.80
	总资产增长率(%)	越高越好	良好	22.76	16.14	25.10	18.00	11.50	2.40
	技术投入比率(%)	越高越好	较差			1.80	1.50	1.20	0.80
五、补充资料	资本积累率(%)	越高越好	良好	20.42	25.65	21.00	15.90	9.80	3.20

图 1–18　财务指标

出口国别分析见图 1–19。

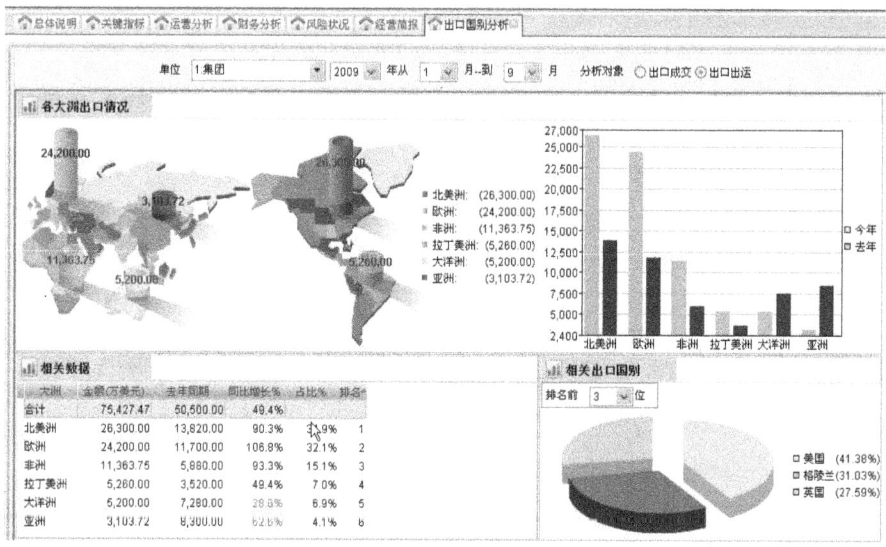

图 1–19　出口国别分析

出口商品分析见图 1-20。

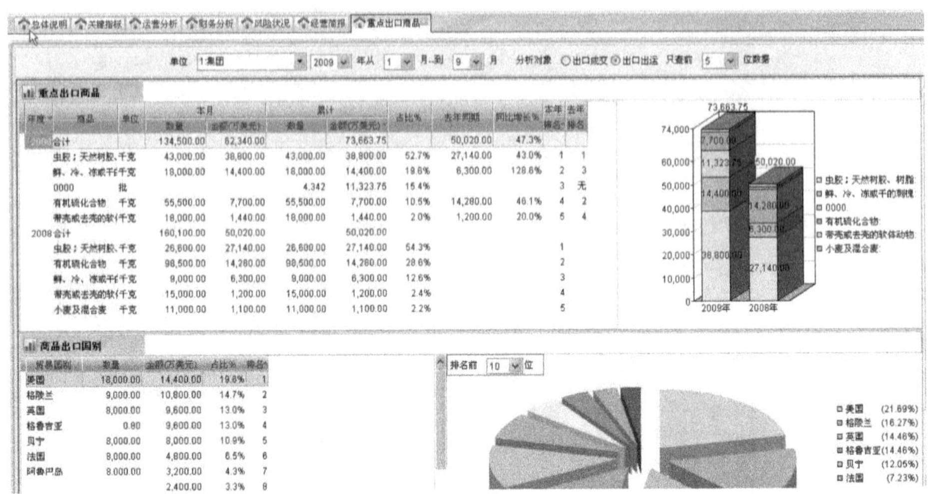

图 1-20 出口商品分析

6. 上机笔试自动考试系统

通过自动考试系统，将原纸面考试的过程，包括制作试卷、纸面考试、手工判卷、统计学生成绩、分析错误考点分布和教学质量等一系列工作，全部转化为计算机自动化管理，充分发挥了计算机电子化的优势，并极大地提高了教师管理的工作效率和工作质量。

南北上机笔试自动考试系统，配带了近 3 年的《报关员考试》《报检员考试》《单证员考试》的真题试卷。院方教师也可以根据自身教学的特点，随时增加属于自己的题库和试卷内容，不断积累具有本校特色的教学手段。

该系统具有如下六大功能。

（1）题库设置：支持多个题库的建设；系统支持多种题型，如单选题、多选题、判断题、填空题、表格填空题、录入多选题等；支持多种评分方案；可编制正确答案的解析，用于判卷后参考人了解正确答案的由来；试题以及试题答案，均支持图片；支持试题链接所需附件。

（2）试卷编制：①试题选择，可以从多个题库中选择试题，或者直接手工编制试题，可以设置在题库中“自动抽题方案”，通过系统进行自动选题；②自由设置“每题分数”，支持批量设置；③可自由设计“试卷”的排版，系统默认配带多种试卷排版样式模板。

（3）考试任务布置：可设定“开闭卷方式”；可设定机考的“开始时间”和“关闭时间”，以及“最长答卷时间”等；可选择班级或者班级中的特定学生，参加本次考试。

（4）学生参考和答卷：具有答卷、交卷的操作功能，以及相关预警功能；答卷时，具有丰富的机考辅助功能，如跳转到某页、只看未做题目、只显示答错试题解析（判卷后才可使用）等。

（5）系统实现计算机自动判卷，提高准确性的同时极大减轻教师工作量。

（6）实现各种统计分析：包括笔试错误考点分布统计、笔试错误考题统计、学生笔试成绩统计等。

第二章 “国际商务”实验指导

第一节 “国际商务”实验大纲

“国际商务”（双语）按教学大纲要求，课程内容分为两大部分：一部分为课堂教学，包括课堂讲授、课堂讨论等内容，32学时；另一部分为商业战略模拟，16学时，采用芬兰的Cesim Global Challenge® 模拟平台。

一、模拟实验软件特色

芬兰Cesim公司商战模拟，目的是体验Cesim Global Challenge® 全球战略管理商战模拟培训项目。

Cesim Global Challenge® 全球战略管理模拟培训，借鉴飞行训练中“飞行模拟舱”的理念，应用现代模拟技术，以计算机为操作平台，通过互联网真实再现当今企业所面临的复杂商务环境，使参与者在虚拟的企业中实践自己的商务理念而不必担心产生实际的损失。在虚拟企业的管理过程中不断探索、不断总结、边干边学，结合培训师的现场实时指导，有效提升参与者的公司整体战略思维能力、部门具体决策与实施能力、团队合作能力。

Cesim Global Challenge® 课程特色：以战略管理为核心的竞争博弈，全面体验营销、生产、物流、研发和财务之间的互动；以投资分析为核心的长期战略规划；市场导向型的研究与开发；以贡献分析为基础的定价策略；以转移价格为核心的跨国公司财务管理；以物流优先权为核心的客户关系管理；以资本结构为核心的财务风险控制；以留存收益为股票回购限制条件的资本运作。

Cesim公司成立于1996年，总部位于芬兰首都赫尔辛基，在全球范围内为企业、大学和各类机构等提供高效实用的商业决策模拟培训和教学方案。Cesim是全球高校使用最为广泛的世界顶级三大基于计算机的商业模拟课程供应商之一。Cesim模拟课程系列已经得到沃顿商学院、纽约斯特恩商学院、法国巴黎高等商学院、新加坡南洋理工大学等世界一流院校的广泛应用。目前

Cesim 模拟课程提供的语言有英语、中文、西班牙语、葡萄牙语、俄语、法语、意大利语和德语等。

在中国，Cesim 的高校用户包括清华大学、中国人民大学、复旦大学、中山大学、南开大学、对外经济贸易大学、首都经济贸易大学、上海大学和深圳大学等国内知名院校。一些具有相当知名度的企业，如诺基亚、惠普和中国银行等也是 Cesim 的企业培训用户。众多知名院校和企业选择 Cesim，不仅意味着 Cesim 拥有值得信赖的产品，同时也标志着全球越来越多的专业人士对 Cesim 课程的青睐。

Cesim 目前提供的标准课程包括：①综合管理和战略模拟课程，Cesim Global Challenge（http://gc4.cesim.cn）；②营销管理模拟课程，Simbrand（http://simbrand.cesim.cn）；③服务行业管理模拟，OnService（http://onservice.cesim.cn）。

二、实验进程安排

实验进程安排见表 2–1。

表 2–1　实验进程安排

实验课堂	讲授、实验内容	学时
实验 1	Cesim Global Challenge 企业竞争模拟系统简介、案例公司介绍	2
实验 2	“决策制定指南”解析、参数分析	2
实验 3	企业竞争模拟练习 3 回合、结果讲评	2
实验 4	企业竞争模拟一：需求生产分析	1
实验 5	企业竞争模拟二：营销策略	1
实验 6	企业竞争模拟三：物流与研发的影响	1
实验 7	企业竞争模拟四：财务及预算分析	1
实验 8	企业竞争模拟五：小组独立决策	1
实验 9	企业竞争模拟总结及分析、各小组汇报	2
实验 10	企业竞争模拟最后一个回合	1
实验 11	教师总结、各专业理论在模拟竞争中的应用	1
实验 12	复习全部课程内容、小组之间交流	1

三、教学方式与考核要求

（一）教学方式

本课程的教学特点是与计算机应用紧密结合，学生可以在计算机实验室或者任意一台可以浏览互联网的电脑上提交决策，学生每 4~5 人组成一个小组作为模拟环境中的一家企业，分别担任不同的角色进行决策。

小组内、小组之间、小组与指导教师之间可以通过“交流”模块互相讨论；在“阅读”模块中可以下载相关资料。

通过若干回合的企业竞争模拟，指导教师对各小组进行综合评定。

（二）考核要求

小组竞争模拟综合评分（50%）、小组总结报告（30%）、个人网上参与度或出勤（20%）。

第二节　国际商务模拟决策

——基于芬兰 Cesim Global Challenge 模拟平台

一、案例背景

（一）案例公司介绍——Mobilé Inc

美国司法部下令解散几个跨国移动通信制造公司的董事会，并对其高层管理人员进行重新组建，主要原因是多年以来它们实行联合垄断。调查发现这些企业的董事们在一些事宜上秘密达成暗箱操作的协议，如蓄意停止技术发展计划，人为造成手机高价和其他一些重要事宜等，这些操作致使这些企业恰好处于相同的财务和营运状况。最终，董事会明白了事态的严重性并聘用你为其高层管理人员，与其他重组后的公司展开竞争。

在移动通信制造产业中，企业的核心运营为研发、生产和销售，上一财政年的销售额为十多亿美元。这些跨国移动通信制造公司联合垄断的结果是各企业都有较好利润和足够的现金流动。对你来说，这是一个很好的开始，因为在今后的几年中，日益激烈的竞争和快速的科技发展将影响企业的利润和现金。

（二）产业历史

第一个国际移动电话网络开始于 1981 年，那时的移动电话大而重，20 世纪 80 年代末具有实际意义的移动手机登上舞台，这也意味着移动电话产业时代的开始。

在 20 世纪 80 年代末 90 年代初的萧条时期，经济的直线下滑影响了总体经济几年的发展，许多移动通信公司从多产业公司中发展起来。尽管经济下滑，但还是对通信业的研发进行了大量的投资。随着第二代（2G）移动电话的问世，通信业也逐渐从其他行业的阴影中走出。1991 年 7 月 1 日，世界上第一个真正的 GSM 通话由芬兰首相哈里・霍尔克（Harri Holker）打给赫尔辛基市市长，他们在电话里讨论波罗的海鲜鱼的价格。GSM 手机的美国副本 CDMA 是世界上第二个最普遍使用的手机标准，它拥有世界上 1/3 的移动用户。20 世纪 90 年代，移动电话的不断发展让手机越来越小巧轻便，技术设计越来越复杂，特征也越来越多。FOMA，第一个 3G（第三代）网络在 2001 年由 NTT DoCoMo 推出，这项新技术让语音数据和非语音数据如移动视频电话成为可能。

（三）当前状况

当前从全球范围看，公司仍属于小型移动手机制造公司（年销售额 10 亿美元），但考虑到其相对较大的研发投资，所以手机本身还是很具有竞争力的，企业发展也很具有积极意义。本公司成功的一个关键因素是令消费者感兴趣并符合他们需求的设计。

公司在美国、亚洲和欧洲销售产品，生产和研发一直在亚特兰大（GA），而近期公司已开始在亚洲建厂。几年前已调查过在欧洲建厂的可能性，但欧洲复杂和不灵活的劳动法，让欧洲的工厂运营相当困难，并且运营成本相当高。为保证研发和生产的灵活性，公司已就部分生产和研发积极与外包商达成协议。

（四）未来挑战

行业的发展速度非常快，对新科技也充满了期望。大趋势是通过经过测试的 4G 技术，在静止时 1 Gbit/ 秒、移动时 100 Mbit/ 秒的通信速度方面来提高移动性。行业的总体增长潜力很好，但每个市场的发展可能会有很大的不同。对于手机制造商来说，最大的挑战是紧跟技术发展，因为研发需要很大的投入，手机已不只是谈话的工具，其娱乐性比以前任何时候都更重要。

目前看来并不是所有的技术都可以靠内部开发的，这样的话与合作伙伴的技术外包研发成为一种必要的手段。全球市场的发展可能需要在亚洲建立更多的生产基地。当移动产业发展成为全新的应用与服务时，产业中各方面必须全力加强合作，以更快适应整个移动产业的移动服务和市场的增长。

（五）运营

1. 生产

高科技公司具有新产品生产初期过程复杂、成本高昂以及产品生命周期短等特征，这些特征迫使公司在低成本的基础上尽快地生产出新产品。显然，当公司对一种特定的技术更为熟悉的时候，单位成本会根据学习曲线效用而降低。

由于建造工厂需要两个回合的时间，当需求超出生产的情况发生时，公司会使用外包生产。由于外包生产受学习曲线的影响，所以在外包决策时需谨慎衡量。与自己工厂生产的产品相比，外包产品的单位成本与技术年限成反比，所以有时当外包生产的单位成本比工厂生产的产品成本低时，公司将从中获利。

由于公司没有成品库存，你必须控制好生产目标，使之与预计需求相符，就是要生产正确的数量和产品。错误的需求估算和生产指标将会损失销售或提高单位成本，从而导致增加额外成本。由于不能及时满足消费者的需求，公司将面临销售损失，公司需要在实际生产环节中调节生产，从而提高了单位成本。

2. 销售和营销

公司开始只在美国市场运营，但过去的几年中在亚洲和欧洲分别建立了销售网络。营销广告在品牌销售和向消费者传达产品信息时扮演很重要的角色。营销广告在美国尤为重要，虽然在欧洲和亚洲的效果不如美国，但也举足轻重。在此行业中，比较典型的营销广告费用占销售额的3%~5%。

3. 研发

出于行业本身的动态性，研发对于IT行业和其他高科技行业来说是非常重要的。消费者不断要求有新产品推出，由于竞争激烈，旧产品的利润会很快下降。

为获得技术和相关技术特征，公司可以选择自己进行研发或通过购买技术许可证来外包其研发过程。研发过程的第一步是开发基础技术，每种基础技术可以开发高达10个技术特征。公司自己研发和购买外部技术许可证的最大区别是：自己研发的技术只能在一个回合后投入使用，而外部购买的技术可以立刻投入使用。

与购买技术这种巨大的投资相比，公司自己研发的成本在循序渐进的过程中会相对较低。技术许可证费用为一次性付费，会随着技术年限的接近而降低，在行业中比较典型的公司会花费销售额的10%左右用于研发。请注意研发开销不会出现在资产负债表中，因为所有的研发开销被认为是运营开销，而且研发投资可能会造成公司财务损益表的起伏。

4. 技术

迄今为止公司只生产技术 1 的手机。随着新型移动网络的不断发展，市场对新技术的手机将会有需求。因此首先要做的是开发新技术。新技术的研发将需要相对较大的投资，但也是公司将来稳步发展的一个重要保证。请注意技术需要依靠其所在的网络，也就是说，技术 2 的手机不能在技术 1 的网络设施中使用。在计划研发时，你应该查看需求页面的网络覆盖前景，此信息将显示各种技术大致在何时引进更为经济。

5. 特征

移动手机的潜在技术在各个公司中是差不多的，这样的话，产品的差异就通过产品特征来表现，如设计、机盖、彩屏、彩铃、多媒体、游戏等。在不同的市场领域中，产品特征对于需求有不同的影响。欧洲消费者很喜欢产品独特，而亚洲消费者对价格比较敏感。

6. 运输和物流

出口产品的运输将由独立的货运公司负责，运输服务的成本将不受其他小组的影响。总的运输成本是运输服务成本 + 关税。当货物在当地生产并销售时，不会产生运输成本。

国际税收和转移价格是比较敏感的话题。公司已建立了具有一定灵活度的政策，最终目的是抚平研发费用带来的成本影响。研发功能与生产设备有关，研发成本根据以下原则在损益表中显示：

假设我们在美国有 10 个工厂，在亚洲有 2 个工厂，总共 12 个工厂，公司在此期间的研发总花费为 20 千万美元，在美国的损益表中显示 10/12 ×20 千万美元，而亚洲则为 2/12 ×20 千万美元。

在决定转移价格时，你可以用乘数（1 至 2 之间）乘以生产直接可变成本，就是说用生产直接可变成本乘以 1 至 2 之间的一个数就得到转移价格。如果使用得当，由于不同区域的企业税率不同，公司可以通过转移价格获利。从一定程度上讲，公司可以通过转计定价来弥补运营所产生的累计损失。

7. 财务

公司除了通过销售得到资金外，通过资产投资和借贷机构也可得到资金。公司在股票交易所上市，通过股票发行进行有效的融资，股东期望资产投资回报表现在股息和资本回报上。

在过去的几年中，行业进入快速发展期，但股东们却没有得到很多股息，而与此同时，股价却有大幅度的提高，公司在纳斯达克综合指数里有优越的表现。你可以通过发放股息或股票回购的形式来奖励投资者，股票发行或回购的价格根据每回合开始的市值而定。借贷机构根据公司的财务状况，提供带息短期和长期贷款，由于短期贷款的利率肯定比长期贷款要高，所以短期贷款只有在公司现金流低于标准时使用。

你也可以通过内部贷款（国际资金管理）在不同的国家和地区之间转移资金，如果在亚洲或欧洲有多余现金，你可以通过内部贷款返回并发还给总公司，或用此资金在亚洲建厂。

（六）市场区域

1. 美国

美国是 Mobilé 的当地市场，同时也是最大的市场。美国是高技术产业的先驱，但在移动手机领域却落后于世界。移动技术和网络落后于欧洲和亚洲几年。美国消费者比亚洲消费者更崇尚手机附加特征，但其程度还是不及欧洲消费者。

至少在今后的两三年中，需求估计将有每年 5% 左右的增长，而且也没有任何理由显示在此之后增长会停止。据保守估计，在今后几年中随着新技术的引进，需求的增长可能会出现每年 10% 的高峰。

2. 欧洲

公司对欧洲产品的出口已有几年，因为劳动力成本高昂，所以不会在欧洲建立生产工厂。预计市场增长将在每年 10% 左右，而且需求在今后几年中也将保持稳步增长。因为新技术保证了新产品的不断推出，消费者也会购买新的手机，所以不用担心市场的成熟度。

3. 亚洲

根据预测，亚洲可能成为最有增长潜力的市场，现今市场以每年 15% 的速度增长，但很难对长期前景下结论。与其他市场相比，亚洲消费者不是特别崇尚手机特征，并且也不太喜欢先进的技术。

业绩衡量

公司的业绩可以通过质量以及数量指标来衡量。数量指标可进一步分为描述财务状况和描述市场位置两项。

公司主要目标是股东利益最大化，这种情况下股东的回报用股东总回报（TSR）这个术语来衡量，TSR 在一定时间段中考虑股东所得股息和股价升值因素，这个术语以年为时间段，表示公司一年的业绩。公司董事会表示管理者应在不与长期发展相冲突的基础上，以短期业绩为目标。股价的波动可以解释为财务指标和运营指标的改变，这些指标表现为股本回报率、净利润、每股盈利、各市场区域的市场份额和销售额的增长。

二、模拟平台登录

模拟平台 Cesim Global Challenge 首页见图 2-1，登录页面是 http://globalchallenge.cesim.com。中国学生也可以登录中文网页 http://gc4.cesim.cn，见图 2-2。

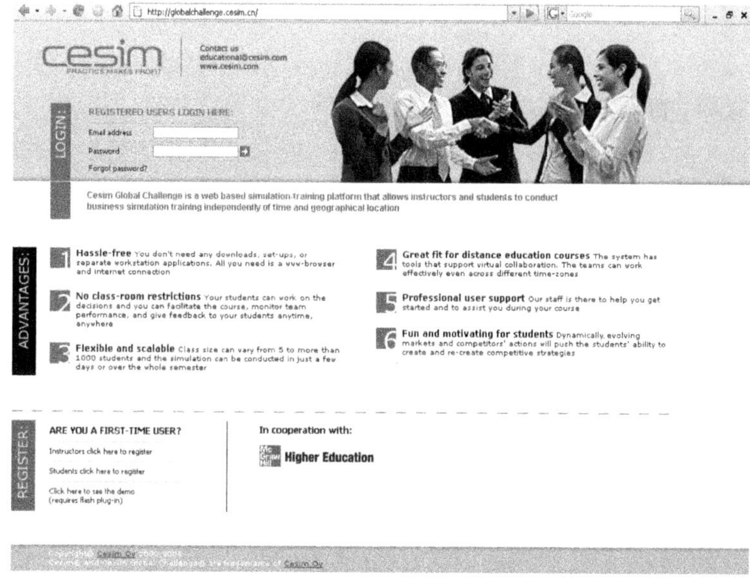

图 2-1　模拟平台首页

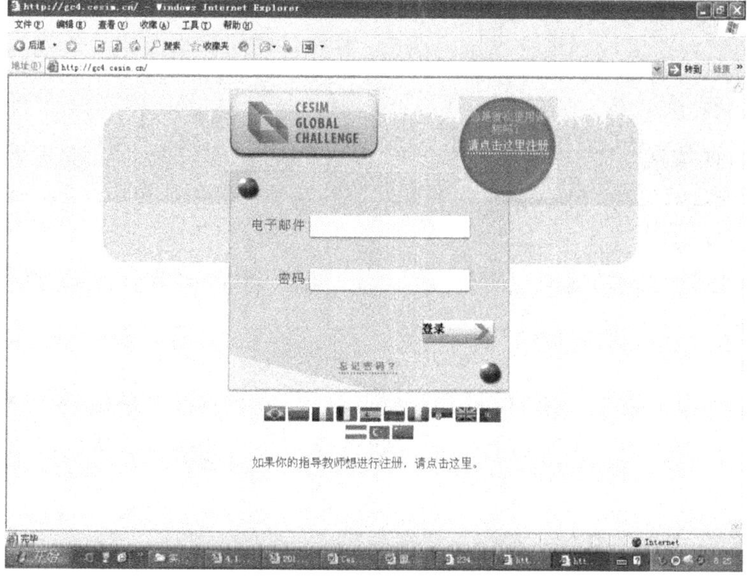

图 2-2　模拟平台登录页面

注册：使用你的邮箱作为用户名；
课程：International Business；
课程代码：由任课教师给定；
许可证：密码由任课教师提供；
组建团队：4~5 名同学组建一个团队，代表一家手机制造商。

三、模拟平台介绍

（一）通用用户界面选项

1. “我的信息”

通过此页面，你可以添加个人数据以个性化你的 Cesim 用户账户，这些信息将出现在用户界面的不同区域。你可以在这里修改密码，也可以修改你的邮箱。在此页面的底部，有两个复选框，你可以决定是否要接收自动的邮件提醒。

建议所有的学生使用真实的邮箱，否则有可能错过模拟过程中的重要信息。同时，“忘记密码”功能也是通过邮件找回的，如果使用无效的邮箱会导致密码无法找回。

2. “帮助”

当你遇到任何与模拟相关的问题时，这是一个最好的与 Cesim 支持团队联系的方式。请注意其他与课程相关的信息，并咨询你的指导教师。

3. “更改语言”

你可以在这里找到系统支持的语言，并在任何时候更改用户界面的语言。

（二）首页

1. 用户信息

内容略。

2. 邮件功能

它可以让你轻松地通过邮件联系到你的组员和指导教师，通过便捷的复选框来选择你想要联系的人。

3. 首页

这个板块显示了该课程所有重要数据。在顶部你可以看到上个回合的重要指标。在它下面，你可以找到关于回合截止时间的信息、论坛的消息以及测验的信息。

4. 小组决策日志

你可以在这里看到小组成员的决策保存的情况。请留意该面板底部的“显示所有回合”和“更多”按钮。默认条件下，你只能看到当前回合的最近的决策保存情况。使用这两个按钮可以让你将面板扩展到显示所有回合以及每一回合的每一次决策保存。同时要注意的是在团队决策列制定的决策不会在日志中显示更多细节，只会显示“小组决策修改者”。

（三）决策列表

Cesim 模拟提供给用户一个创新型的决策制定区域，在这里小组成员可以很好地控制整个决策制定的流程。决策列表分为两个部分：每个学生自己的个人决策区域和小组决策区域。请注意，每回合到了截止时间以后，回合的结果只会根据小组决策区域的决策来计算。在每回合模拟的进行过程中，你可以在决策列表找到已修改决策的高亮的单元格。

以下介绍几个决策列表中提供的决策制定流程管理工具。

（1）回合选择下拉列表。使用下拉列表选择你想要查看的回合。你可以通过选择先前的回合来查看之前各回合的决策，尽管你已经不能修改它们。

（2）“确认”按钮。允许用户进入其他小组成员的决策区域或者进入团队决策的区域。请注意，所做的修改将会被保存在你进入的决策区域。任何直接在小组决策区域修改的决策将在回合结束后直接作为最终决策参与结果的计算。

（3）“复制”按钮。这个按钮会将一个小组成员的决策复制为小组决策。一旦复制成功，以前的小组决策将不能找回。在回合结束前，你可以任意将个人决策复制到小组决策。请注意，如果直接在小组决策区域做决策，则不需要任何额外的步骤，决策将直接参与回合结束后的结果计算。

（4）“导入”按钮。这个按钮可以将小组或者其他组员的决策导入到自己的决策区域。一旦导入，你原先的决策将不能恢复，被导入的组员的决策将不会有任何变化。

（5）本回合预算。本回合预算显示了根据当前决策的预计利润以及与前一个可比较回合相比的“销售额变化（%）”。

（四）决策区域

决策区域被分为若干个基于不同分类的主题（如需求、生产等），请根据决策制定指南来决定从哪里开始你的决策制定以及决策制定的顺序。一些区域需要先填写，因为它们会影响到一些计算以及预计值。

实际的决策需输入到各自的指定区域。一般而言有三种类型的决策区域：①白色的单元格里，你可以输入自己的决策。一些决策，如定价和员工决策，是每回合都非常重要的决策。而另一些，如投资决策，是只在一些特定的回合根据你小组的战略才做出的决策。②高亮的单元格里，你可以估计你的销售、员工流失率等。这些估计值将会作为系统给出的预算的基础。③下拉列表被用作一些需要具体选项的特定的决策。

一旦做出决策，系统会自动更新预算。

请注意系统中的两个决策制定区域，这很重要。第一个是学生的个人决策区域。每个小组成员都有自己的决策制定区域，他们可以任意修改他们的决策并查看预算结果。每个学生登录后会默认进入自己的决策区域。在个人决策区域做出满意的决策后，可以通过“复制”按钮把决策复制到第二个决策区域类型——小组决策区域中。一旦复制成功，这一系列决策将会被用来计算回合的结果。

此外，决策可以直接在小组决策区域制定。一个小组成员可以在决策列表里通过“确认”按钮进入小组决策区域。任何决策的修改都会被自动保存，如果没有修改，将会被用到之后的回合结果计算中。请注意如果一个小组成员的决策被保存覆盖了之前直接在小组区域做出的决策，这些决策将不能恢复，除非在复制之前有其他小组成员将小组决策导入到了个人区域。

一旦回合结束，系统将根据小组决策区域里的决策自动开始计算本回合的结果。如果决策没有直接在小组区域做出，在回合结束前请再次确认个人决策被保存为小组决策。

（五）结果

正如前面所提到的，回合结果在回合结束后会立刻根据小组决策计算得出。系统允许你在任何时间通过选择结果页的下拉列表查看过往回合的结果，包括练习回合。同时你还可以使用一些特殊的功能，如可下载的 Excel 版本的回合结果以及一些重要指标的幻灯片：①团队选择下拉列表可以让你选择当前课程中的任何团队；②回合选择下拉列表可以用来选择你想要查看的回合结果；③使用“下载”按钮来下载一个在 Excel 文档中的所选回合结果；④使用“幻灯片”按钮来查看当前回合一些重要指标的幻灯片；⑤使用“可打印版本”按钮来打印回合结果。

（六）日程表

在日程表页面，你可以看到一个课程的回合列表，其包含每一回合的截止时间。为了避免用户的电脑和系统时间不符，这个页面把你的时间和课程设置的系统时间都显示了出来。模拟系统通常在开始的阶段会有练习回合。请注意练习回合的结果对之后实际回合的结果没有任何影响，而仅是用作熟悉系统和练习预测结果。一旦练习回合结束，系统将会重新被设置回初始的市场情况。

（七）小组区域

在小组区域，你可以看到课程中所有团队所有小组的成员的信息。你可以编辑小组信息，如小组名称、口号以及小组介绍。小组成员在第一个截止时间前可以自由移动到其他的小组，在那之后则不可以。点击“加入小组”按钮来移动到另一个小组。在那之后，只有指导教师有权限让学生在小组之间移动。

（八）阅读材料

这一个页面里包括所有理解和享受模拟系统所需的资料。一般而言，阅读材料里包括决策制定指南和案例描述。指导教师也可以上传自定义案例相关的材料到此页面。决策制定指南会告诉你模拟的基础知识，如用户界面的功能，如何制定决策，做决策时应该考虑的问题以及每回合进行决策的一般顺序。在这里，有些模拟还有视频教程可供参考。

（九）论坛

论坛是当你无法与指导教师和同学面对面交流时的一个绝佳的交流途径。比起使用电子邮件，使用论坛的好处在于每一个人都可以看到论坛里的讨论并提出自己的见解。

论坛分为小组论坛和课程论坛。从名字就可以看出，小组论坛里只有同小组的成员可以看到发出的帖子并进行回复。而课程论坛则是对课程中所有人都开放的，无论你在哪个团队或小组。指导教师可以阅读并回复所有论坛里的帖子。正因如此，课程论坛是一个一人提问、大家受益的场所，而小组论坛是一个讨论组内私密话题的理想场所。

除非在“我的信息”中设置了禁用邮件通知，否则在小组论坛有新的帖子的时候，用户将会收到邮件提醒。

四、决策

（一）主要目标和获胜条件

本模拟的目标是实现累计股东回报率的最大化，包括股价的变化、公司支付给股东的股利以及股东从股利获得的收益。累计股东回报率是一个年化的百分比。请注意股利发放意味着你将有更少的资本来创造利润和提升股价，但是从长期看，股利也会给股东带来利息收益。

（二）决策制定流程

决策指南将在你首次使用决策支持系统时为你提供帮助。在开始的时候，你可能会根据我们所给出的步骤而做出决策，以后你也可以自己选择决策步骤。

如果你在开始决策前打印出此指南放在手边，那将会对你很有帮助。

（三）成功的决策制定流程

成功的决策制定流程如下，见图 2–3。

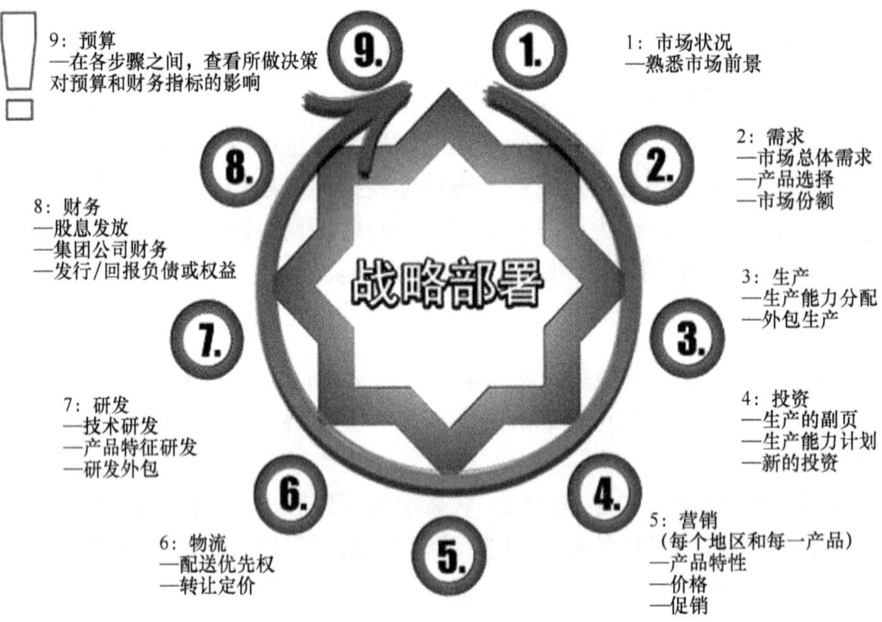

图 2–3　成功的决策制定流程

（四）团队合作最佳方式

这里介绍几种实践中的最佳团队合作方式。这些合作方式在虚拟小组合作中尤其重要：①每个回合，指定一名小组成员担任 CEO（首席执行官）的角色，负责协调小组成员之间的工作，提交小组最终决策。各小组成员可在每个回合中轮流扮演 CEO 的角色。②请注意每个回合的截止日期。每个小组成员都可以独立地制定自己的决策，但最终需要相互协调选择一组决策作为小组决策。③通过使用"论坛"中的交流平台交流和沟通你们的战略意见和决策想法。论坛可以保留你们的来往交流讯息，所以你可以随时查看之前各小组成员的交流讯息，即你们达成的共识内容。④统一制定每回合小组内部截止日期，确定每个小组成员各自的决策和建议。这个截止时间应与系统中实际的截止时间有一定的间隔，以便你们有足够的时间修改最终决策。如果各小组成员在不同的时区，那么你们可以使用“系统时间”协调时间表。⑤使用“决策列表”修改和确定最后的小组决策。在这里你可以看到所有小组成员每一列各自的决策内容，你也可以进入各小组成员的决策区域。你可以以其中一个小组成员的决策内容为基础对决策进行必要的调整和修改，也可以在小组决策制定区域直接修改小组决策。⑥当你们所有小组成员对某组决策达成共识后，请点击“复制”保存决策至小组决策栏数据，完成本回合决策制定。你可以在回合截止时间前，随时更改小组决策或重新复制其他决策为小组决策。请注意，任何小组成员的账号都可以保存小组决策，并且每个回合只有一组决策可以作为小组决策进行最终的计算。每回合截止日期一过，只有保存的小组决策数据会被系统用于最终的结果计算。

五、市场状况

在做出决策之前，请先熟悉市场前景，见图 2–4。

图 2–4　市场前景

注意：定量参数是对目前市场的预测，其数据还是相当准确的。从市场发展的另一个角度来看，由于受所有公司互相竞争对市场发展产生的影响，市场实际发展将会有别于市场前景描述，所以市场增长也可能并不像所预计的那样会实现。

（一）需求

需求预测（见图2–5），①首先需要预测每一个市场区域的总的市场增长。分析和理解市场前景里的信息可能会对预测有很大帮助。②在这里选择在每一个市场区域销售的产品所运用的技术。每一个区域最多选择2种产品。本图中，公司最初开始时只有一种技术的产品可生产和销售（有关新产品的开

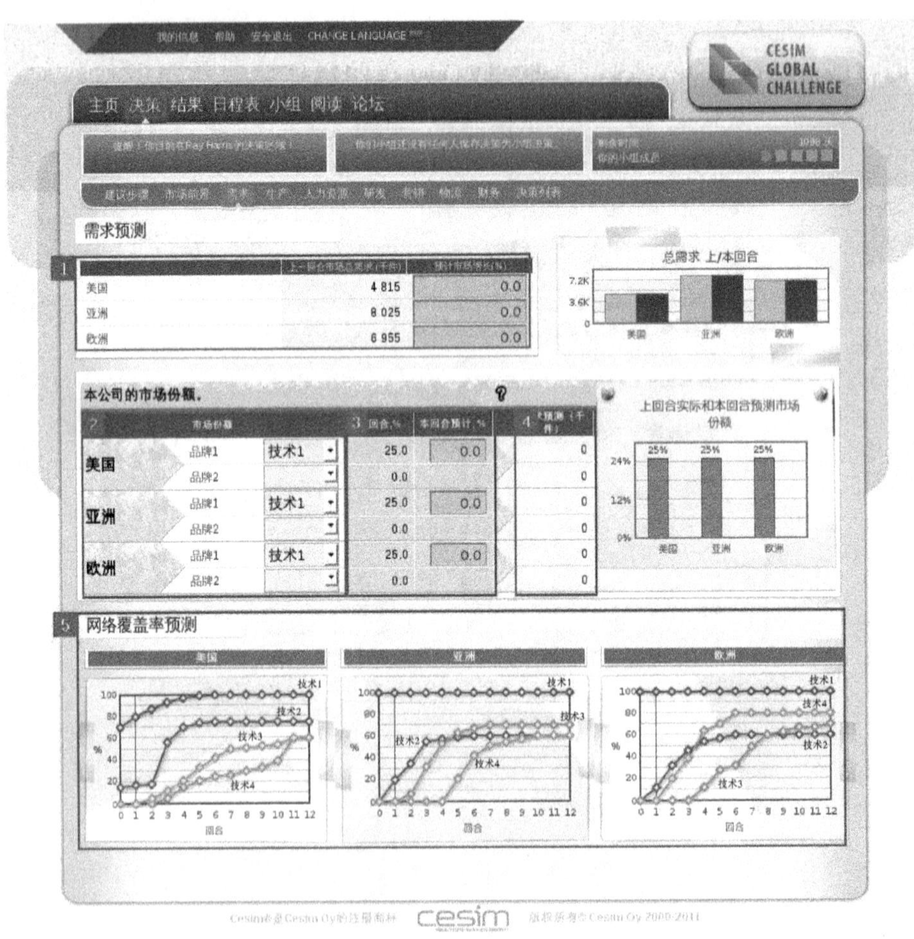

图 2–5　需求预测

发请参见研发章节）。③在这里为每一种产品预测其市场份额，这是用来计算公司的财务业绩和预算生产数量的。要注意的是，这里的市场份额是根据每一个市场区域预测的，而不是每种技术上一回合栏中所显示的上一回合中公司每种产品（技术）的实际市场份额。④在预测总的市场增长和自己产品的市场份额后，模型将告诉你每一个市场的预计需求，但这些数字只是你的预测，最终的结果将取决于在你和你的竞争者之间谁的决策更符合市场实际。⑤这些图片显示随着时间的推移，各种技术产品所需的基础网络在不同的市场区域的覆盖情况。

（二）需求，整体市场和市场份额

这方面要注意以下三点。

第一，计算每个市场区域的整体市场大小，市场前景为将来可能会发生的情况提供了一个很好的预测。

第二，整体市场需求将根据不同的技术进行划分。

第三，影响市场份额的因素包括提供相同技术公司的数量、平均销售价格、广告和上一回合市场份额。

需求页面底部的图形显示不同技术的发展状况。对于需求来说，网络基础设施是技术发展的前提。如果设施不完备，那么就不可能有销售。图形展示了就每项技术而言设施的发展情况。例如，图中美国 50% 这个数据代表此技术在美国的覆盖率为 50%。

网络覆盖率同样也决定了运用新技术的手机的需求量。不在技术网络覆盖范围中的消费者不会购买此技术的手机。在技术网络覆盖范围中的消费者更倾向于购买具有新技术的手机，所以在新技术手机面世之初，技术网络会集中在比较密集的地区。市场前景中也会对新技术产品的发展进行预测。各技术的需求很大程度上也受到以下因素的影响：①价格（新技术一般都比旧技术昂贵）；②提供相同技术的公司数量；③营销力度（广告）。例如，如果新技术的定价是旧技术的两倍，那么技术的吸引力至少减少 50%（如果需求的价格弹性为 –1）。

1. 市场总体份额 & “fix this” 公司市场份额

市场总体份额和“fix this”公司市场份额对比见图 2–6 和图 2–7。

影响市场总体大小的因素：①经济状况；②平均价格水平；③平均广告预算；④技术革新。

影响不同技术需求的因素：①技术价格水平；②技术推广（广告）；③提供各项技术的公司数目；④网络覆盖程度；⑤技术吸引力。

影响公司市场份额的因素：①价格；②广告；③手机所提供的特征数量；④上一回合的市场份额；⑤提供技术的公司数目。

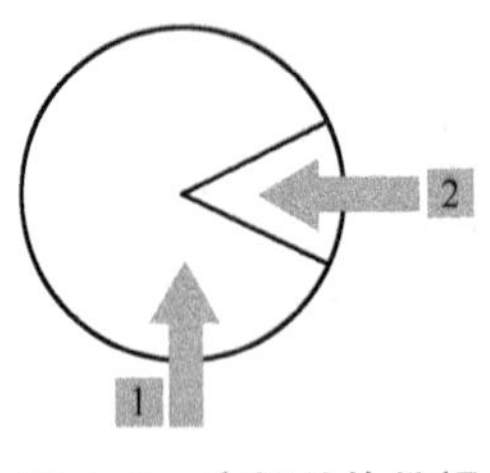

图 2-6　市场总体份额

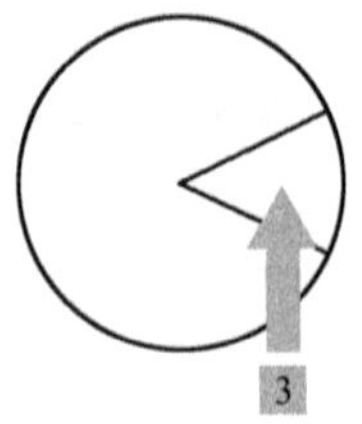

图 2-7　“fix this”公司市场份额

2. 市场份额

在课程之初，每个公司的市场份额是一样的，而一旦开始做出决策，市场份额就会发生改变。图 2-8 引述了四个不同的小组的市场份额状况。

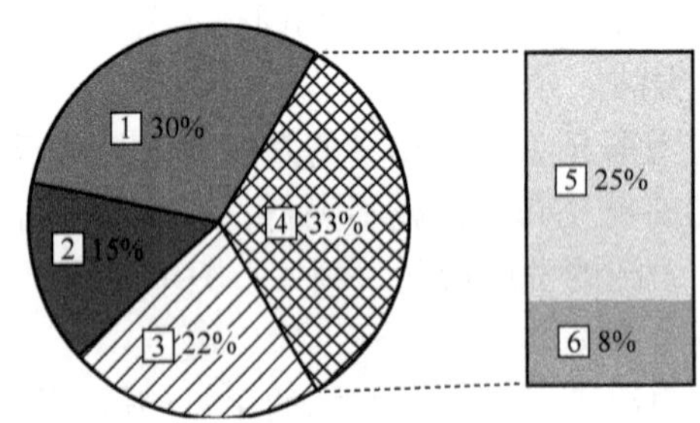

图 2-8　市场份额分布

1 队 30%；2 队 15%；3 队 22%；4 队 33%。1 队的市场份额可分为两种技术份额，这里是如何估计两种产品的市场份额的举例：5——技术 1 占 25%；6——技术 2 占 8%。

六、生产

全球生产分配是此次模拟的重要成功因素。你有两个生产地点（美国、亚洲）可以对三个市场区域供货。在模拟中，产品没有库存，如果你对需求过高估计并生产太多产品时，生产会自动减少以符合需求，如果生产量需要调整的话，就会有附加的费用。注意：如果实际需求高于预计需求的话，生产不会自动增加，在那种情况下，你的销售就会遭受损失。

这里可以选择在每条生产线上进行生产的技术（见图 2-9），以及每条生产线对不同产品的生产能力分配。两个地区，每个地区两条生产线，你可以任意组合。在此例中，因为只生产一种技术，所以在美国只使用一条生产线进行生产，在亚洲还没有生产设备。

这里你可以决定外包生产的数量，只有在生产中运用的技术才可以外包。在每个回合中，对外包的数量都会有一个限制，外包的成本也在此给出。在此例中，因为自己公司的生产能力足以符合需求，所以暂且不采用任何外包生产。

模拟系统会自动计算产品的单位成本。不良率将根据生产能力的使用率和每种技术在生产中的熟练度的变化而变化，在单位成本的计算时，不良率也考虑在其中。

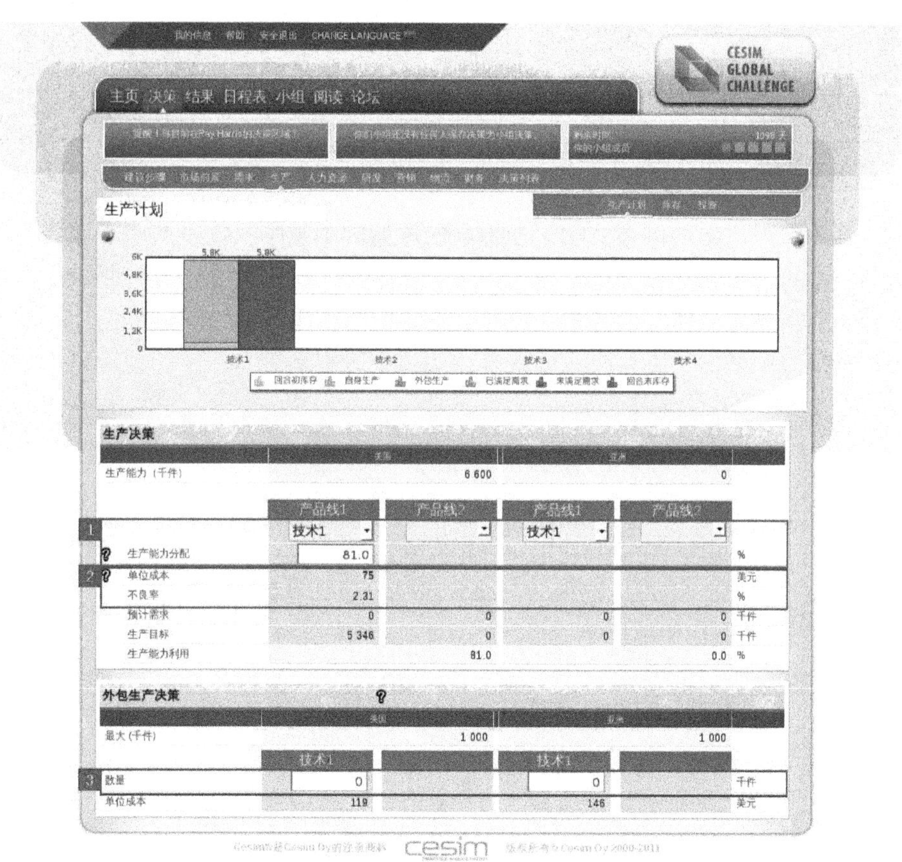

图 2-9　生产决策

决策充电

在决定是开足马力全面生产以避免销量损失，还是精打细算控制生产数量的时候，你应该对那些损失销量的机会成本和生产能力过剩的成本进行比较。损失销量的机会成本等于每一件没有被销售产品的销售利润，而生产能力过剩的成本是在该回合中停止生产所需要的成本。再者，如果你过高估计需求，物流方面也不会完全履行地区优先权，因为如果每个工厂都试图开足马力，尽力生产最多数量的产品，那么剩余的产品将自动分配到各个地区。

如果你的课程添加了库存决策模块，那么生产多余产品还会有库存管理成本，同时你还可能承担高额的生产成本和存库商品过多的风险。

（一）生产成本

影响生产成本的因素：①生产地区的原始成本水平；②生产成本函数（U形曲线）；③学习曲线效用；④生产目标过高将受到惩罚。如果对需求过高估计，就需要减少那一回合中的生产量，此项罚款相当于约5%的生产成本。（如果模拟中增加了库存决策模块，则此项不适用。）

图2-10为U形成本曲线。

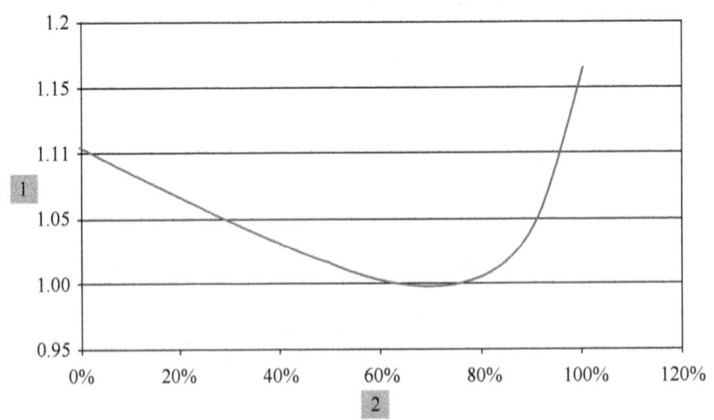

图2-10　U形成本曲线

1. 单位成本（美元）。
2. 每项技术产品全球累计产量。

原始成本水平反映了新技术投入生产后，第一批产品的生产成本，由于亚洲劳动力的技术不熟练（效率低），所以其原始成本比在美国的高，但是学习曲线效用是影响生产成本的一个很重要的因素。X 轴代表某技术的全球生产累计总量。请注意你可以先在美国进行生产，然后当经验曲线达到一定位置时开始在亚洲生产，见图 2–11。

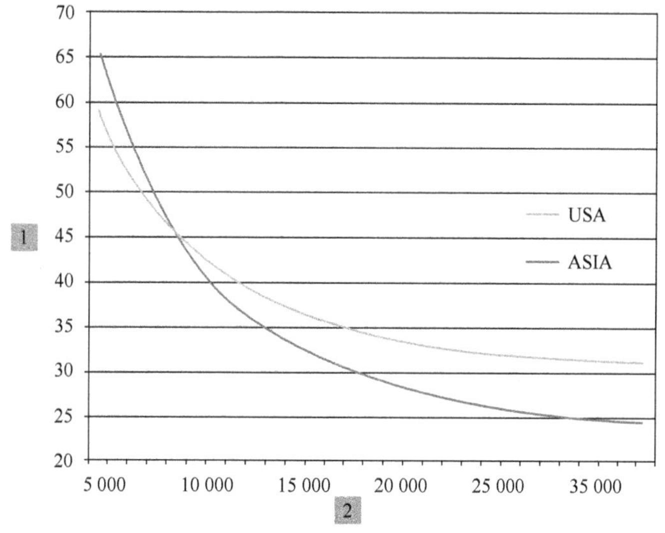

图 2–11　成本变化曲线

1. 单位成本（美元）。
2. 每项技术产品全球累计产量。

（二）库存

如果 Global Challenge 课程中新增了库存决策模块，那么你可以在生产决策栏中看到详细的库存管理内容。回合初和回合末库存数量也可以在生产计划页面中查看。库存管理并不需要参与者制定任何决策。美国和亚洲都有各自的库存，库存产品只有在各市场上有需求时才会进行运输。库存价值受生产决策结果和销售结果影响，但请注意生产计划和销售预测也会对库存管理成本和库存相关的资金成本产生影响。所有的库存产品都以原生产地的生产成本计算。最早的库存产品会被先行出售，因此库存不存在折旧。库存管理界面见图 2–12。

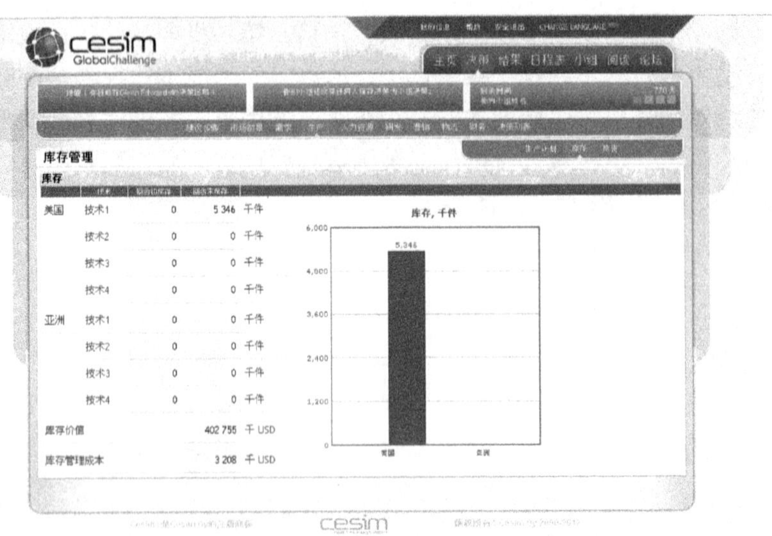

图 2-12　库存管理

（三）投资

投资界面见图 2-13。

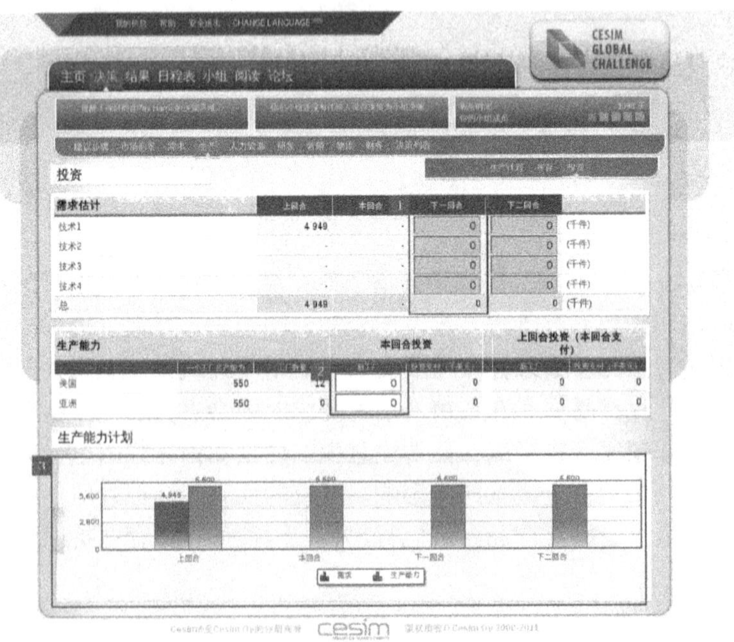

图 2-13　投资

首先，需要对未来两个回合中的全球需求做出预计。你可以从需求栏查看到本回合（年度）的预计需求。未来项目的投资十分重要，因为新的生产基地需要花费 2 个回合的时间筹备后才可投入运行。

其次，基于对未来发展趋势的预测，你可以决策在美国和 / 或亚洲进行新工厂建设的投资。新工厂将在从现在开始的两个回合后开始投入生产运营，公司需要从现在开始的一个回合后支付新工厂建设费用（投资循环中期）。

最后，图表包括有关你的需求和生产能力的信息。图表是一个非常有效的工具，可以帮助你了解你的预计需求和生产能力之间的关系。

决策充电

在你决定投资工厂的时候，也就意味着你在把一大笔钱放入长期投资中，所以你必须确保此项投资的投资回报率，即此工厂生产产品的销售额足以抵销此工厂营运的成本。我们可以计算一下：一个工厂的投资价格是 1.6 亿美元，生产能力为 55 万个单位产品。假设今后你可以用和在美国市场同样的价格（约 200 美元）销售产品，另外，假设在折旧前平均的运行利润（除工厂折旧外的所有运行成本都从销售收入中扣除）保持在 35% 左右，工厂每年的生产能力乘以单位产品的边际利润率（假设工厂的平均利用率是 90%）就可以得到折旧前的运行利润 3.5 千万美元（55 万单位产品 × 90% × 200×35%）。从这笔钱中扣除工厂折旧费和工厂财政支出，工厂折旧率按 15% 的递减方法来计算，由此得到第一年的运行折旧是 2.4 千万美元（1.6 亿 ×15%）（这种折旧方法是在上一年的基础上进行计算的，比较符合高科技企业），扣除折旧后只剩下 1.1 千万美元（3.5 千万 −2.4 千万）用来承担财政支出和投资风险。

在此例中投资收益率（ROI）为 6.9%，计算公式是用运营利润（EBIT）除以投资成本（1.1 千万 /16 千万）。

七、营销

在营销页面（见图 2–14）上你需要为每一个市场地区和每一种产品决定你的市场营销方案，即产品、价格和促销。因为最初的时候各个市场只有一种产品（基于技术 1），所以你只需制订这种产品在各个市场的方案，一旦有了新的产品，就需要分别制订产品的营销方案。切记：市场营销方案的成功与否是由市场来决定的，消费者会根据自己的意愿对产品进行比较分析后才购买。

首先，要确定产品的特征数量。特征多会更好地满足消费者，但成本也会越高。

其次，在这里，你将决定产品的价格和促销，产品价格以当地货币为准，而促销则以美元计算。

另外，产品特征、价格和促销一旦决定后，你可以在这里查看预算财务报表。

最后，这里你可以看到产品的制造地。

把各种特征应用到产品上会产生特征附加成本。你可以把 1~10 种特征应用到产品上，每个特征都会有附加的成本。特征只在公司达到一定相关技术水平的时候才能被应用，公司可以通过自己的研发部门或购买外部的技术许可证来达到一定技术水平。特征成本可以通过特征数量乘以每个特征的成本得到。营销不仅影响产品的需求，也影响到公司在特定市场地区的形象，而且广告也起到一个长期影响的作用。

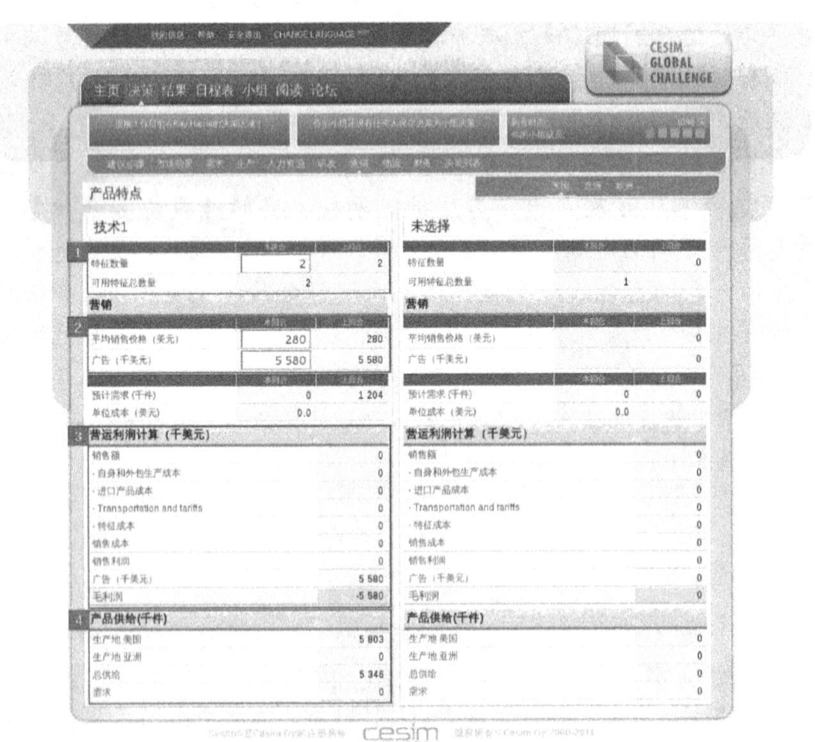

图 2-14　营销

决策提示

当你选定了促销方式（广告）后，需要考察这个产品在这个市场可以产生多少销售利润。一般来说，推出一个新产品的初期花费过高是很正常的，但是到产品进入市场的中期阶段时，该产品所带来的销售利润必须能够支付该产品所有的广告费用。销售利润乘以广告弹性（约 0.1~0.3）是一种比较可行的费用分配法。

八、物流

你可在物流管理（见图 2–15）中满足不同市场区域需求的优先顺序。此例中从美国生产的物流顺序为美国 1、亚洲 3、欧洲 2，就是说，美国工厂生产的产品首先满足美国市场的需求，然后是欧洲市场，最后才是亚洲市场。这个决策只有产品出现全球性供不应求的情况时才用。一旦发生此情况，你首先要切断第三市场（亚洲）的供货，然后是第二市场（欧洲），最后才是美国市场。

图 2–15　物流

利用转让定价，你可以调整不同子公司的利润，甚至让其他部门的利润补偿研发和其他固定成本。转让定价还可以让总公司充分利用不同国家的不同税率获益。受东道国法律和法规的约束，所乘的系数必须在 1 到 2 之间。

这里显示你做出物流管理决策后，公司产品的原产地和目标销售市场。

> **决策充电**
>
> 在制定运输优先权时，你应该让单位利润最高的市场取得优先权，这样可以使产品的利润最大化。换句话讲，一旦有供货不足的情况发生，这种情况只可以出现在单位利润最低的市场中。

九、人力资源

在 Global Challenge 课程中可以选择新增人力资源决策（见图 2–16）。如果你的课程中已经增加了人力资源决策模块，那么你除了可以外购新技术使用许可证外，还可以雇用研发人员。这将对自身研发带来改变，详细说明请看下一章节。

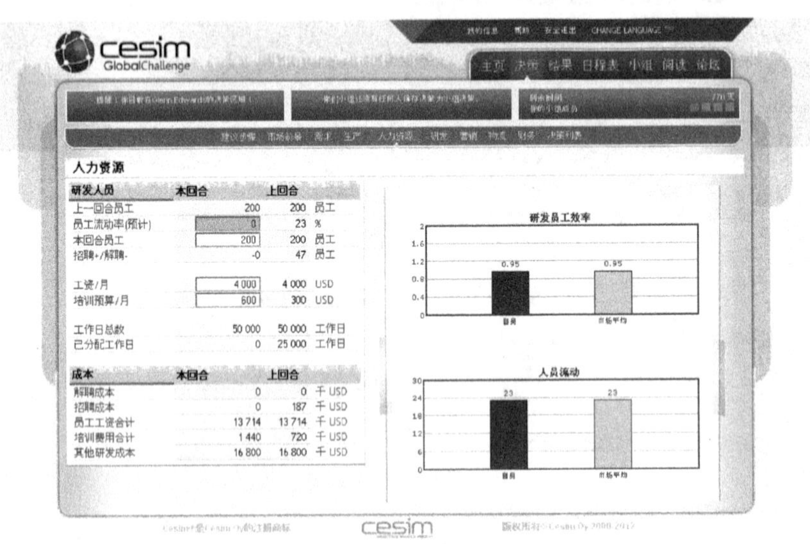

图 2–16　人力资源

人力资源决策包括：本回合员工人数、每月工资和每月培训预算。较高的工资水平有利于稳定员工人数和劳动力。当然，你也可以解雇所有的员工。

人力资源成本包括员工工资、员工培训、招聘、解聘和其他研发成本。这些成本都将在损益表的研发成本中体现。你可以从页面底部的参数页面中找到更多关于人力资源成本的信息。

人力资源决策中需要考虑的因素包括员工流动率、员工工资、员工培训，成功运营公司的关键在于有效分配工作量和员工人数，这也会影响员工流动率。较高的工资水平可以吸引有才能的员工，累计培训费用和较低的员工流动率将有助于提高员工工作效率。

十、研发

公司有两种方法可以提高其技术实力：对自己研发部门的投入和购买外部许可证。自己研发的技术和产品特征在投入生产时将有一个回合的延迟，而通过购买许可证的技术可以直接投入生产。公司可以将两种方法相辅相成地使用，以提高竞争力，如公司可以先投资自己的研发，然后再购买许可证，随后再通过自己的研发部门提高技术，你可以通过自己的方式将两种方法组合在一起以达到技术和产品特征上的实力。

注意：自主研发的投资并不能降低技术与设计许可证的成本。比如说，如果一个小组在第一回合投资了 2 千万美元在技术 2 的研发上，而另一小组在同一回合没有进行任何投资，在第二回合，两个小组的未开发技术的许可证成本是一样的。对于有或者没有激活人力资源模块的课程都是一样的。如果你的课程中增加了人力资源决策模块，那么自身研发费用将在人力资源决策中转换为同等的工作日显示，因此你需要调节人员数量协调研发所需工作日。研发决策与人力资源决策密切相关，所有员工都将服务于产品研发。产品自身研发成果受你的员工工作效率影响，并且最终的研发成本也取决于你制定的员工工资等人力资源决策。

在图 2–17 的空格中，你将决定公司自身在每个技术上的研发投入。此模式将告诉你开发一项新技术或在已有技术上增加新特征需要多少投资。请始终记住，公司通过自己的研发部门开发的技术只有在一回合后才能投入使用。

你可以通过购买外部专利技术许可证来与自己的研发部门互补，因为自己研发的技术将有一个回合的延迟，而购买的技术和特征可以立即投入使用。购买时一次付款，可无限期使用该技术和特征。

图 2–17 显示在每种技术中可拥有的特征数目。

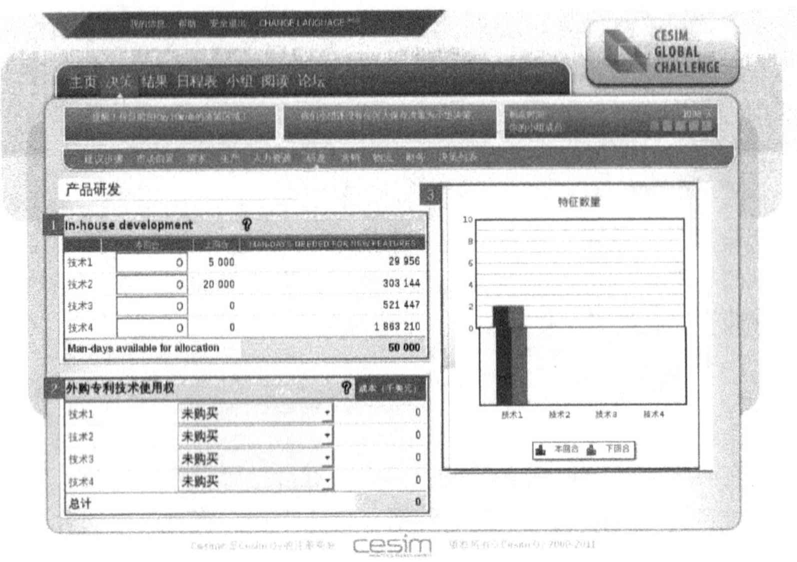

图 2–17　产品研发

决策充电

研发投资的本身很富有战略性，所以很难应用某个具体的投资计算方法，即使有，那些计算也是建立在很多假设和不确定因素之上的，但是，在你考虑投资手机新技术时，你应该想到需要销售多少手机才能弥补公司在研发上的开销。在投资方面跟随竞争者也不是明智之举，因为他们也有可能做出错误的选择。

十一、财务

财务通常是最后一组你需要做出的决策。所有金融市场的交易都通过美国总公司负责，你需要对以下项目做出决策：①增加（+）或减少（–）长期贷款；②股票发行和回购；③发放股息；④资金管理（在集团公司内部转移基金）。股票发行和回购根据回合初期的市值所定，股票发行（回购）的数量影响到发行（回购）股价。你还可以在不同国家之间转移资金（ITM 国际资金管理），也可以通过内部贷款的方法把在亚洲或欧洲积累的大量现金储备调回总部或返回给股东，或者你也可以在亚洲集资投资工厂。每年年底的现金数不得低于最低要求（通常是 200 万美元），如果现金储量低于此要求，财务部门会自动使用短期贷款来弥补其不足。短期贷款会在不需要时自动偿还，短期贷款总是比长期贷款昂贵，所以我们建议你尽量避免短期贷款。在市场状况中你可以获悉短期贷款和长期贷款的利率（短期负债利息）。

你始终要记住自己的目标，并不是把负债成本最小化，而是把投资回报率最大化。模拟的最终胜利取决于股东总回报，也就是小组在所有回合中为股东带来的回报，股东回报通过股价变化和累计发放股息来表示。

集团在亚洲和欧洲的资金调整后查看美国的现金情况，如果公司有额外现金，你可以考虑以下逻辑：

第一，检查资本结构，根据经验你应该把权益率（权益除以总资产）控制在 40%~60%，如果小于 40%，把资金用来偿还负债将比发放股息更有利；如果大于 60% 的话，那么你可能还没有充分利用合理避税政策（有关交权平均资本成本）。

第二，决定运营所需现金并视其为"缓冲线"，请记住如果你没有足够的资金来支持运作，系统会自动使用短期贷款以保持现金流动，在这种情况下短期贷款的利息将会很高。越对销售和预算没有把握，你越要把现金的缓冲线设得高。

第三，根据股息发放政策来发放股息。

第四，如果还是有过多的现金，你可以把额外现金付给公司所有者，有两种不同的方法：①股票回购。如果回购股票，EPS（前股盈利）将升值。如果你想一次性回购大批股票，会操作相当长的一个过程，因为你在市场中造成了需求，那么股票平均回购价格也会随之上涨。②额外股息发放。股息发放将作为股东累计回报的一部分（钱从公司的账户转移到股东的账户）。

在现实生活中，主要根据税收来衡量是采取股票回购还是额外股息发放的方法。因为在模拟中我们只考虑企业所得税，所以我们建议你制定从长期收益状况方面考虑的股息发放政策，如果有额外的现金，用于股票回购。但如果你有太多的现金，全部回购股票将造成大幅度的股票回购价上升的话，最好使用额外股息发放的方法以达到平衡。

在图 2–18 所示的现金流界面中：

你可以做出有关财务方面的决策，例如，增加（+）/ 减少（–）长期贷款、发行 / 回购股票以及发放股息等。所有的财务决策都是在总公司完成的，所以查看总公司的现金流情况将会很有用。

你可以看到公司上一年度（回合）的实际资本结构和本回合的预期资本结构。负债和资产保持在大致的平衡状态是比较合理的，有助于降低资金成本。

你可以在总公司和不同子公司之间进行资金转移。我们建议通过美国总公司对亚洲和欧洲的运营注资。

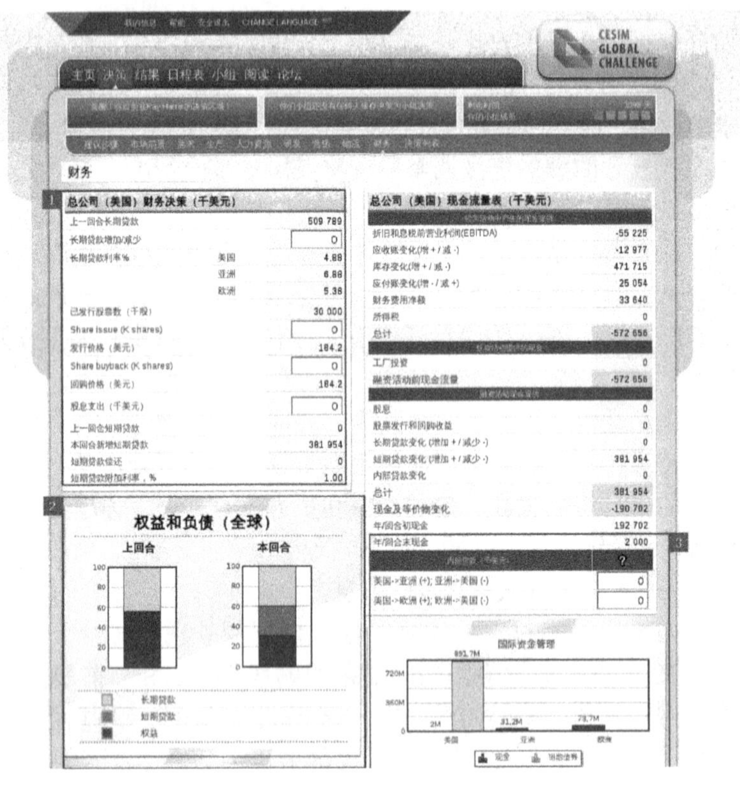

图 2–18 现金流

> **决策充电**
>
> 之所以要尽量使资产平衡表上的资产和负债基本相等，是因为这样做可以把资产的成本降到最低。资产成本越低，公司以后所有现金流的净现值就会越高。也就是说，资产成本越低，超过资产成本的资金的投资机遇就越大（也等于会有更多的商业机会）。

十二、预算

预算是根据决策的变动而不断更新的，在此可以看到集团的整体收益状况和各个市场地区的收益状况，主要财务指标也在这里，见图 2–19、图 2–20。

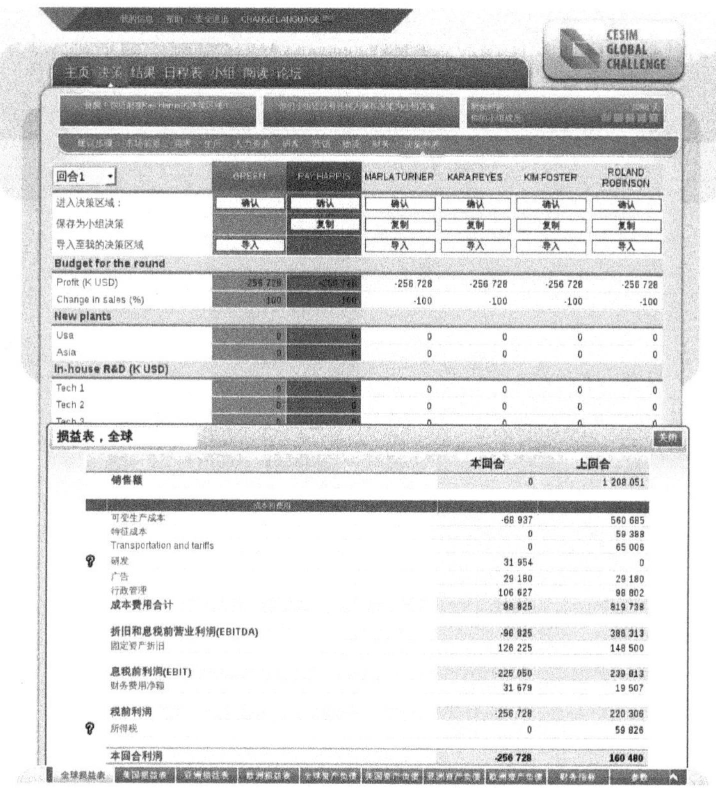

图 2–19　资产损益表

在本模拟中，所有研发和营销（促销）成本都计算在其投资发生回合的损益表中，因而，利润会因研发和营销投资力度的不同而波动。

在本模拟中研发只在有生产工厂的地方进行。例如：如果你只在美国有生产工厂，那所有的研发都只在美国地区的损益表中显示；当你在亚洲也有生产工厂时，研发将根据不同国家生产工厂的数目而进行划分。你还可以利用转让价格把研发费用转到其他地区（亚洲、欧洲）。

管理费用包括公司的间接成本，如公司还未分配到不同产品上的固定成本；部分管理费用属于生产设备的服务和保养。管理费用包括每个市场地区的基本成本和根据工厂数目而定的额外成本。当同一地区的工厂数目上升时，每个工厂的管理费用就会下降。

前几个回合出现的经营亏损将根据“亏损结算”原则结转。所以，以前出现的严重亏损状况可以在以后的回合中弥补，亏损抵免税。例如，某一地区过去是亏损的，当期利润首先是弥补历史亏损，然后盈余的部分才需要缴税。

$$销售回报率(ROS)=\frac{本回合利润}{销售额}$$

$$权益率=\frac{股东权益}{资产总计}$$

$$本债比(传动率)=\frac{贷款利息(短期贷款+长期贷款)^{2}-现金及等价物}{股东权益}$$

$$已动用资本回报率(ROCE)=\frac{息税前利润(EBIT)}{平均^{1}股东权益+平均^{1}贷款利息(短期贷款+长期贷款)^{2}}$$

$$股本回报率(ROE)=\frac{本回合利润}{平均^{1}股东权益}$$

$$每股盈利(EPS)=\frac{本回合利润}{本回合末股票数}$$

$$股息收益率=\frac{每股股息}{股价}$$

$$市盈率=\frac{股价}{每股盈利}$$

$$累计股东总回报率(获胜准则)=100\%\times\left[\left(\frac{本回合末股价+每股累计股息+股息利息}{初始股价}\right)^{(1/本回合)}-1\right]$$

1. “平均”是指资产负债表回合初和回合末的平均值。

2. 贷款利息不包括应付账款。

图 2–20　关键财务指标的计算

资产负债表见图 2–21。

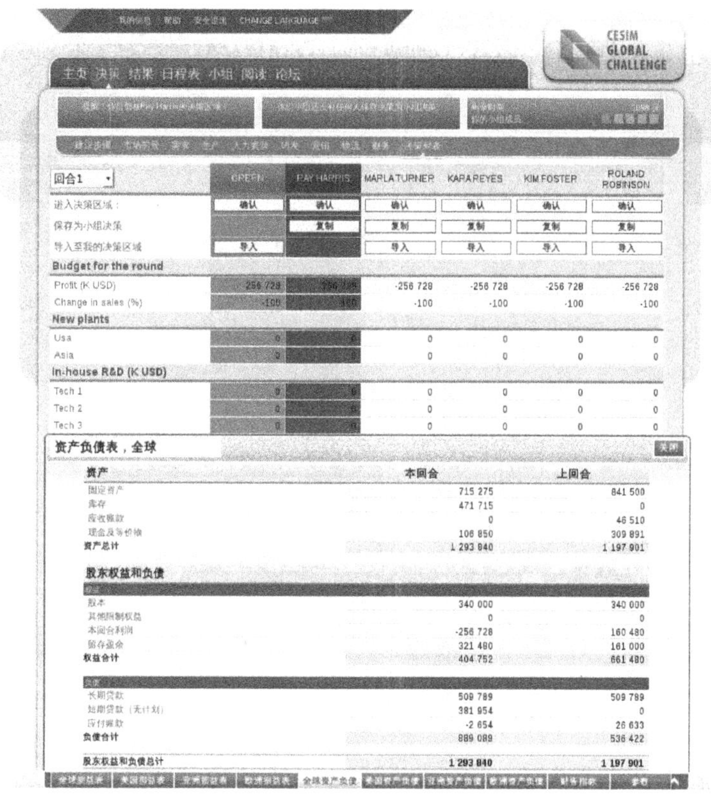

资产负债表，全球

资产	本回合	上回合
固定资产	715 275	841 500
库存	471 715	0
应收账款	0	46 510
现金及等价物	106 850	309 891
资产总计	1 293 840	1 197 901
股东权益和负债		
权益		
股本	340 000	340 000
其他限制权益	0	0
本回合利润	-256 728	160 480
留存盈余	321 480	161 000
权益合计	404 752	661 480
负债		
长期贷款	509 789	509 789
短期贷款（无计划）	381 954	0
应付账款	-2 654	26 633
负债合计	889 089	536 422
股东权益和负债总计	1 293 840	1 197 901

图 2–21　资产负债表

应收账和应付账自动计算为以营业额和生产成本为基础的比率。其他有限资产表示股票发行 / 回购价格与股票名义价格（10 美元）的区别。如果公司没有足够的现金流以维持运营，系统会自动使用短期贷款。

决策充电

因为你的目的是使股东利益最大化，所以应该在与当前利润和今后发展机遇不抵触的情况下，把资产负债表中的债务控制得越低越好。如果你可以在相对较低的资产负债表中实现相同的利润，那么说明你更为有效地利用了资产，而且从投资者那里需要相对少的资金。

第三节　学生决策报告样本

学生决策报告样本以最牛小组（图 2-22）为例，成员包括鲁婷婷、关雅惠等。

图 2-22　最牛小组

最牛小组向您报告我们的公司运营方针策略和目前取得的成绩。通过我们的努力，最牛小组虽然没有成为全球市场的领头公司，但是我们尽最大努力去提高股本回报率，股市价格、盈利率和收益率都取得了不错的成绩。在技术 1 领域，我们成功地占有了全球大部分份额，在亚洲、欧洲和美国的市场占有率都取得了不错的成绩，我们技术 1 产品的成本较低，而且有相当成熟的生产和销售方式，所以我们可以以低于同行业其他公司的价格出售手机，这是我们的一个优势。

最牛小组的决策与公司的理念是分不开的："用最低的成本提供最好的手机。"我们在遵循这一使命的基础上，做了一个大胆的决策：目前只生产技术 1 产品。这个决定看似荒唐，但我们是经过考量和研究的。如果我们跟竞争者一样争相去开发新技术，我们不仅会损失掉很多利润，而且有很大的风险。

其他公司没有意识到技术是可以外泄的，等一项技术成熟后，我们可以以很低的价格购买到这项技术，而且其他公司是一起开发研究的，这就相当于很多人在做本来一个人就可以完成的事，会造成人才和资源的浪费，所以我们目前只致力于技术1产品，而且从前几期的利润率来看，我们的这个决策使我们的收益率领先于竞争者们，我们的股东回报率也是领先的。

我们非常谨慎，比如在技术1产品的生产上，我们预测技术1产品的销量会很大，但是苦于生产路线不够，所以我们把一部分产品外包，但外包的成本必须远小于定价，只有这样外包才有意义。我们不是不注重开发，而是在前期做好足够的现金储备准备，这样不会让我们在后期投资时背负多而昂贵的债务。我们现在可以做到在技术1上0研发费用，在技术1的广告费用上也可以达到0广告费（前两期我们还做不到），这使我们很大程度地降低了成本，取得了定价优势，从而可以获得更大的销售额，薄利多销，等有足够的现金储备，我们会致力于另一项技术的研究与开发。专注于一种产品，这也是我们的一种竞争优势。

目前我们把重点放在扩大销售额和利润的增长上，导致股本回报率并不是很高，但我们已经有很大的市场占有率，我们公司已经有了无形的广告优势，这为我们后来的产品节省了昂贵的广告费用，并能给它们找到不错的销路。这也是我们的策略目标之一。

实事求是地说，我们在决策上有很多不足，由于之前没有这种策略，所以实施及管理上存在很多漏洞，以后我们会取长补短，意识到自己的不足并改正，再加上学习其他公司的管理方式，形成成熟的决策和管理模式，在以最低的成本，指定最低的价格的目标的基础上，最大化股东权益。

一、公司概况

最牛小组这个全球化的公司，是一个跨国移动通信公司，致力于以最低的成本生产出最新的产品。从全球范围而言，公司仍属于小型移动手机制造公司（年销售额10亿美元）。公司在美国、亚洲和欧洲销售产品，生产和研发一直在亚特兰大，而近期公司已经开始在亚洲建厂。几年前调查过到欧洲建厂的可能性，但欧洲复杂和不灵活的劳动法，让欧洲的工厂运营相当困难，并且运营成本相当高。为保证研发和生产的灵活性，公司已就部分生产和研发积极与外包商达成协议。

为了增加利润，最牛小组只致力于生产技术1产品，这样的做法可能不利于可持续发展，但使我们节省了很多研发成本，让更多投资集中于技术1产品的多功能开发上，使我们短时间内利润比竞争对手大，有利于我们建立工厂。由于我们致力于技术1产品的研究与开发，所以我们技术1产品的成本很低，这样我们就有了定价优势，从而可以保证销量。我们采取薄利多销的模式，短短几个回合霸占了全球绝大部分技术 1 产品的市场，由于只生产技术 1 产品，我们也有了比较成熟的生产线和比竞争公司简单化的公司管理模式，几年后，在技术 1 产品淘汰之前，我们会把之前较多的现金储备利用起来，集中精力研究开发新产品，或者引进高新技术转向专注于另一个技术产品的生产与销售，我们之所以专注于技术 1 产品，是因为既可以节省研究开发成本，又可以节省大量为宣传新产品而产生的广告费用。销售新产品是有风险的，我们专注于技术、生产和销量等都比较成熟稳定的产品，这样做不会让公司有损失的风险。

二、财务业绩回顾

（一）财务指标分析

经过几个回合的奋斗，最牛小组已经在财务指标（见图 2–23、图 2–24）上名列前茅，领先于竞争对手。这反映在三个关键比率上：资金周转率、盈利率和财务杠杆系数。这三个比率决定了公司的资产收益率。

ROE（资产收益率）= 盈利率 × 资金周转率 × 财务杠杆系数

1. 盈利率

最牛小组在注重销售额的基础上，也注重盈利率，所以公司在盈利率上取得了不错的成绩，达到 20.6%，超过了大部分竞争对手。这个数字显示了定价和生产成本的重要性。即使只致力于销售技术 1 产品，公司的盈利率也

财务指标

	最牛小组	好虾米	Freedom	朱李颜	小鹤小诗
公司市值 (千 USD)	10 028 942	10 881 157	14 186 903	2 769 895	17 871 833
本回合末已发行股票数（千股）	40 000	30 008	42 300	53 000	60 399
本回合末每股交易价格 (USD)	250.7	362.6	335.4	52.3	295.9
本回合每股交易价格 (USD)	208.3	306.4	296.7	43.2	204.4
股息	0.00	0.00	0.00	0.00	0.00
市盈率	20.6	16.3	18.4	33.9	13.5
累计股东回报率（平均）	3.85	8.75	7.73	-14.63	6.19

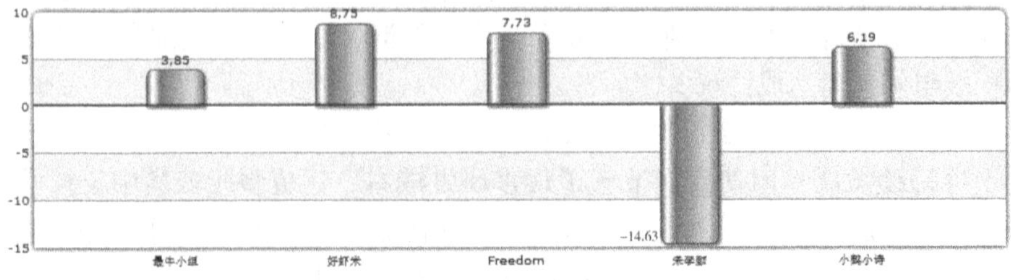

图 2–23　财务指标

比竞争对手高出很多，这反映了我们占领的技术 1 产品市场份额远远超过了竞争对手，我们的决策非常正确。

主要金融指标

	最牛小组	好虾米	Freedom	朱李颜	小鹤小诗
折旧和息税前营业利润(EBITDA)	47.01	47.25	39.32	29.89	42.88
息税前利润(EBIT)	43.84	36.27	30.42	23.60	34.40
销售回报率(ROS)	38.08	27.57	24.56	3.56	29.98
权益率	88.33	61.59	81.99	N/A	94.17
债务股本比(本债比)	-93.61	-37.40	-70.27	N/A	-67.79
已动用资本回报率(ROCE)	13.04	22.41	14.54	28.12	16.01
股本回报率(ROE)	12.86	30.93	14.98	N/A	14.75
每股盈利(EPS), USD	12.15	22.21	18.27	1.54	21.88

图 2-24　主要金融指标

2. 资金周转率

资金周转率是反映资金周转速度的指标。企业资金（包括固定资金和流动资金）在生产经营过程中不间断地循环周转，从而使企业取得销售收入。企业用尽可能少的资金占用，取得尽可能多的销售收入，说明资金周转速度快，资金利用效果好。最牛小组注重扩大销售额。销售额的增长是衡量公司资产经营效率的尺度。每一元资产产出的销售量越大，公司的经营效率就越高。在注重盈利率的同时不能忽视资金周转。最牛小组在注重销售额增长的同时，也确保了公司的资金周转不会因为追求高额利润而受影响。

3. 全部资产/净资产

财务杠杆率等于营业利润与税前利润之比，反映由于固定的债务存在，财务费用（利息）对保险企业利润的影响程度。在一定程度上反映企业负债的程度和企业偿债能力，财务杠杆率越高，反映利息费用越高，导致 ROE 指标越低。最牛小组的财务杠杆比率为 1.34%，债券比率一直尽量接近 50%，这种债券比率体现了公司资产结构的最佳化，这样的债务水平使得最牛小组获得财务杠杆利益的同时，也没有牺牲净资产筹措所提供的灵活性。

4. 产权收益率

最牛小组的收益率取决于盈利率、资金周转率和财务杠杆系数三者之和。最牛小组 88.33% 的收益率远远超过了竞争对手，这是利润、资产使用和财务杠杆三者适度平衡的结果。

5. 股本回报率

公司的主要目标是使股东利益最大化，这个指标可以用股本回报率来表示，由于只生产技术 1 产品，还有中间环节考虑不足、安排不合理，所以股本回报率不高。

（二）分项成本分析

1. 外购成本

与其他竞争对手一样，最牛小组也依赖外购方式。外购通常比内部自己生产的成本低，能让最牛小组的生产成本曲线下移。成本、费用见图 2–25。

成本和费用					
可变生产成本	124 848	494 567	779 404	727 395	1 420 833
功能成本	66 433	63 691	338 272	71 451	678 927
外包生产成本	310 009	407 293	371 828	491 061	0
运输和关税	56 602	65 809	64 596	62 487	131 900
研发	0	0	93 324	0	0
广告	11 900	77 000	88 000	105 000	104 000
行政管理	106 103	166 993	173 350	149 756	182 627
成本费用总计	675 894	1 275 355	1 908 774	1 607 150	2 518 286

图 2–25　成本和费用

2. 研究和开发

最牛小组在第一轮致力于开发新的技术，通过花费比其他小组在研究开发上低的费用欲取得最终的技术回报，可是在市场竞争如此残酷的情况下，经过公司高层决策，决定专注于技术 1 产品的开发研究投资，我们相信一心一意地做一件事，会比广泛投资更专业、更有效率。相反，竞争对手在研究开发费用上投资很多，致使他们的成本很高，而且每个技术的市场占有范围并不占优势。由于节省了研究开发费用，我们可以更好地利用闲置资金，建立工厂和生产更多的产品，并且可以以较低的价格进行销售。最终我们占领了全球大部分技术 1 产品的市场份额，而且也取得了不错的利润成果，不过这个决定是很有风险的，我们应该与时俱进，跟竞争对手一样投资研究开发其他技术产品，这样才不会被淘汰。我们也意识到，只生产技术 1 产品，虽然在短时间内可以节省成本、增加利润，但从长期来看，公司迟早会被时代所淘汰，我们以后必须付出比别的公司更多的努力去研究开发其他技术产品。

3. 现金储备

现金储备账户以现金作为保障，提供了周转不息的流动性以及损失补偿；该笔资金可以来源于债券的初始发行收入，如果资金耗尽，不时地通过剩余现金流来补充，以维持其必要的余额。我公司具备管理现金收入和支出的能力，目前现金储备并不落后于其他公司，这些现金储备是一种竞争优势，作为流动性最强的资产，现金可以尽快地抓住市场出现的机会。例如，最牛小组可以利用这些流动资金新建工厂、增加生产能力，使公司在购买工厂时不必背负昂贵的债务或发行新股。

（三）股票价格指数

为了使股票价格和股东收益最大化，最牛小组在董事长鲁婷婷和财务总监关雅惠的带领下，积极研究分析我们公司及对方的财务报表等各种数据，分析各种股票收益比率。股票价格受四个决定因素的影响：销售额的增长、市场占有率、EBITDA（税息折旧及摊销前利润）和技术能力。在十个回合的观察之后，我们发现这些参数显然在很大程度上影响企业股票的价格。在考察投资收益方面，我们小组在市盈率和市净率方面进行了分析：市净率越高，股票的价格越高；对市盈率的分析有助于我们了解未来的市场前景，市盈率越高，股票市场的前景越好。

1. 销售额增长和市场占有率分析

销售额增长和市场占有率对股价的重要性，可以从最牛小组的股价在第五年和第六年的变化中观察到。尽管最牛小组在第七年以后逐渐盈利，但这种盈利是建立在牺牲市场占有率和销售额增长的基础上的。结果最牛小组的股价并未上涨。同样的情况在第二回合也发生过。盈利而股价不变，其原因一定在于低销售额和低市场占有率对股价的负面影响。而低销售额是因为我们的产品技术仅限于技术 1，尽管产品价格很低，但是已经被市场上其他替代性产品追赶，所以市场占有率也在逐渐下降。

2.EBITDA

股价反映出现金流转而不是盈利。盈利率以净收入来衡量，其中也包含一些非现金的支出，如折旧费。因此，盈利率不能用来衡量公司业绩。EBITDA 是评估公司业绩的更好的度量标准，因为它不包括非现金的费用，能够更准确地衡量股票增值。

3. 技术能力

科研和开发对公司的损益计算会有影响，但股票市场对此并不感兴趣。我们的技术能力还很欠缺，因为只在技术 1 上投入了很多的金钱和人力资本。另外，我们的产品在技术支持上也存在着需要更新换代的问题，虽然净利润每个年度都有所增加，但是，我们在产品的技术方面还很欠缺，仍需要在技术 2、技术 3 的开发上多做努力。

当我们的竞争对手把重点放在如何达到更高的盈利率时，最牛小组把重点聚焦在使销售额增长、EBITDA 和技术能力的最大化上。这些才是公司股价的驱动力，而不是净利润。

三、经营管理的讨论和分析

（一）全球市场状况分析

移动电话市场被四个因素困扰着：需求疲软、供给过度、价格竞争和短暂的产品生命周期。这些因素压制投资回报，已造成市场上八家公司中的四家濒临破产。如果这四家公司最终破产而撤出市场，这将有助于改善生存下来的公司的投资回报。由于八家公司参与竞争，移动电话市场是一个竞争很激烈的市场。竞争激烈的市场必然会使研究和开发受到压制，从而不能满足客户求新的需求。随着这些破产公司的撤离，会形成一个寡头垄断的市场。寡头垄断市场的价格竞争会减弱，产品的生命周期也得以延长。这两个因素都将有助于增加投资回报。

（二）国外经营

公司在美国、亚洲和欧洲销售其产品，生产和研发一直在亚特兰大，而近期公司已经开始在亚洲建厂。几年前调查过到欧洲建厂的可能性，但欧洲复杂和不灵活的劳动法，让欧洲的工厂运营相当困难，并且运营成本相当高，为保证研发和生产的灵活性，公司已就部分生产和研发积极与外包商达成协议。我们公司非常重视跨国投资，希望能和世界上领先的公司竞争，取长补短！

（三）研发

我们公司在产品的研发上做得不是很到位，只在技术 1 中投入了很多资本，致使我们的产品几乎是技术 1 的密集型产品，所以在以后的经营中，我们不仅要重视对技术 1 的维护，还要更多地致力于对更新的技术的研发！

（四）市场占有率

最牛小组致力于最大的综合市场占有率，即使这意味着牺牲短期的盈利率。拥有一个大的市场占有率增加了公司对市场的控制。于是产生一个螺旋效应：市场占有率上升，需求也增加，从而进一步提高市场占有率。除了增加市场需求，市场占有率的提高也代表着产量的提高。如前所述，产量的提高会降低生产成本。那些拥有最大市场占有率的小组的生产成本也是最低的。由于移动电话业比较短的产品生命周期，所有的公司都不得不尽力去争取更大的市场占有率，这样才能降低生产成本。

（五）竞争对手的分析

移动通信行业竞争性很强，为了在这个环境下取胜，公司必须了解竞争对手的强弱点，并对这些强弱点将怎样影响自己团队的战略定位做出估计。

例如，产品需求与竞争公司间的技术能力直接相关。当多个公司拥有同样水平的技术能力，最牛小组销售该技术移动电话的能力就会显著下降。

与竞争对手相比，最牛小组已在生产成本上拥有相当大的优势。然而，这个竞争优势不会永久持续。最强劲的对手的生产成本已接近于最牛小组的生产成本。此外，对手的生产能力要高出我们很多。拥有大规模生产能力，在市场疲软时是债务负担，如当今市场；但当市场需求强势时，它就成了优势。拥有了较大的生产能力，对方小组就有能力更快地增加销售量，进而提高市场占有率。意识到这个威胁的存在，最牛小组也已开始增加对工厂和技术的投资。

在竞争激烈的移动通信行业，一个公司的运营举措不仅取决于自身的能力，而且也取决于竞争对手的能力。因此，公司做决策时很重要的一点是做均衡相对的比较。这就是“博弈论”中的中心概念。

（六）经营前景展望

最牛小组期望整个行业的需求在下一年初增加。最牛小组当前工厂的产能利用率是88%。这已超过了在75%到85%之间的优化生产水平。为了降低产能利用率，而不危及最牛小组的市场领先地位，最牛小组将采取两种举措。首先，最牛小组将增加两个工厂，以便扩大生产能力。然而，这还是解决不了短期的生产能力需求问题。为了解决短期生产能力需求问题，最牛小组将转而生产高附加值产品，这意味着要从技术1转向技术2、技术3。由于销售一个技术2产品获得的现金流相当于销售两个技术1产品得到的现金流，这种策略带来的负面影响将会很小。我们公司必须在节约成本的条件下，尽可能加强技术创新能力！

四、模拟学习成果

在偌大的市场中，竞争者的动态是不可预测的，在许多情况下甚至是无理性的。对竞争对手的分析很重要，但是要做出将竞争对手的经营动向考虑在内的决定是很有难度的。最牛小组采取积极主动的对策，对竞争对手的行动进行预测并做出相应的回应。在第八年，最牛小组预测有五个小组将进入技术4市场。然而，一些小组最终并未进入这个市场，尽管它们都拥有这个能力。最牛小组按照五个小组都进入市场的预期来安排自己的产量，然而事实上仅有三个小组生产了技术4产品。结果，最牛小组生产的产品在数量上不能满足市场的需求量。

（一）市场需求

市场需求由许多因素决定，如消费者偏好、消费者的个人收入、产品价格，包括替代产品的价格等。预测市场需求主要是估计市场规模的大小及产品潜在需求量，这种预测分析的操作步骤如下：

第一，确定目标市场。在市场总人口数中确定某一细分市场的目标市场总人数，此总人数是潜在顾客人数的最大极限，可用来计算未来或潜在的需求量。

第二，确定地理区域的目标市场。算出目标市场占总人口数的百分比，再将此百分比乘以地理区域的总人口数，就可以确定该区域目标市场数目的多寡。

第三，考虑消费限制条件。考虑产品是否有某些限制条件足以减少目标市场的数量。

第四，计算每位顾客每年平均购买数量。购买率/购买习惯，即可算出每人每年平均购买量。

第五，计算同类产品每年购买的总数量。区域内的顾客人数乘以每人每年平均购买的数量就可算出总购买数量。

第六，计算产品的平均价格。利用一定的定价方法，算出产品的平均价格。

第七，计算购买的总金额。用第五项求得的购买总金额，乘以第六项求得的平均价格，即可算出购买的总金额。

第八，计算企业的购买量。将企业的市场占有率乘以第七项的购买总金额，再根据最近五年来公司和竞争者市场占有率的变动情况，做适当的调整，就可以求出企业的购买量。

第九，需要考虑的其他因素。有关产品需求的其他因素，如经济状况、人口变动、消费者偏好及生活方式等有所改变，则必须分析其对产品需求的影响。根据这些信息，客观地调查第八项所获得的数据，即可合理地预测在总销售额及顾客人数中公司的潜在购买量。

除了简单的价钱和市场营销以外还有其他因素。需求不仅取决于价钱和市场营销，也取决于竞争对手的行为和存在的市场占有率。这些道理在模拟学习前不能被完全了解。模拟学习提供了一个动态的学习环境，在那里多种因素能以真实的方式相互作用并对需求产生影响。

（二）风险评估

风险评估，是指在风险事件发生之前或之后（但还没有结束），就该事件给人们的生活、生命、财产等各个方面造成的影响和损失的可能性进行量化评估的工作。风险评估就是量化测评某一事件或事物带来的影响或损失的可能程度。

在风险评估过程中，有几个关键的问题需要考虑。第一，要确定保护的对象（或者资产）是什么？它的直接和间接价值如何？第二，资产面临哪些潜在威胁？导致威胁的问题所在是什么？威胁发生的可能性有多大？第三，资产中存在哪些弱点可能会被威胁所利用？利用的容易程度又如何？第四，一旦威胁事件发生，组织会遭受怎样的损失或者面临怎样的负面影响？第五，组织应该采取怎样的安全措施才能将风险带来的损失降低到最低程度？解决以上问题的过程，就是风险评估的过程。进行风险评估时必须考虑：每项资产可能面临多种威胁。

过分回避风险本身就是危险的。在早期的模拟中，最牛小组在研究开发和许可证上的花费过分谨慎。由于研究开发投入不足，最牛小组在技术 2 产品首次面市时处于严重不利的地位。这些劣势是如此之大，以至于最牛小组被迫放弃了在这项技术上的竞争。1 号技术的过分利用在整个模拟过程中给最牛小组提供了宝贵的经验教训。通常过分回避风险意味着损失未来的增长。在第一年的运作中最牛小组未了解到这点，以至于被迫在后面几个回合中承受更高的风险。

第三章　“期货贸易”实验指导

第一节　“期货贸易”实验目的与要求

一、“期货贸易”实验目的

通过实验教学环节，让学生在模拟实践环境下，巩固课堂所学理论，提高理论学习的兴趣及在实践中的应用能力；在套期保值、投机与套利交易的操作中加深对期货市场基本功能的理解及对期货市场的组织结构、规则制度、交易流程、交易技巧、上市品种、风险控制等基本知识的熟悉与掌握。

二、“期货贸易”实验要求

第一，制订一个套期保值或投机套利计划书，包括原则、操作流程及风险管理措施；

第二，对所交易品种的基本面和技术面进行分析，写出分析报告；

第三，在账户资金允许的范围内模拟开仓、平仓、查询等操作；

第四，写出实验报告，对实验过程进行分析总结。

第二节　期货贸易模拟交易系统

一、登录与主界面

（一）登录

用户在 Windows 系统中，依次点击“开始→程序→模拟期货客户端”，或直接双击桌面快捷图标，系统弹出“世华财讯期货模拟交易系统（客户端）”窗口，如图 3–1 所示。

图 3-1　期货模拟交易系统

请输入登录名及密码，单击“确定”。

注：一个用户名在同一时刻只允许一次登录。同一个用户名的第二次登录将被提示用户已在线。

（二）主界面

登录成功后，系统进入“世华财讯期货模拟交易系统（客户端）”主界面，如图 3-2 所示，界面上方为功能模块区，系统设有首页、交易、排行榜、在线咨询四个模块；界面下方为每个功能模块操作区，显示每个功能模块对应的详细内容。

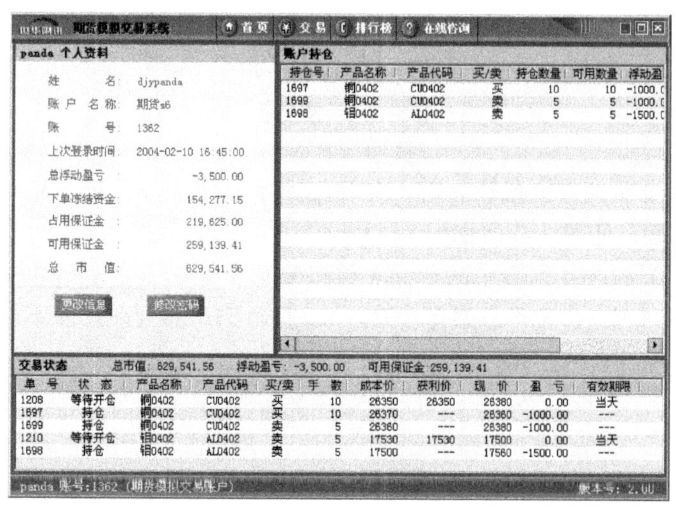

图 3-2　主界面

二、系统退出

单击主界面右上角系统关闭的快捷按钮，系统退出。

三、功能介绍

（一）行情显示

进入交易界面，左侧部分就是行情信息，显示期货产品的最新动态行情，如图 3–3 所示。用户可以根据自己的需要选择要查看的产品。

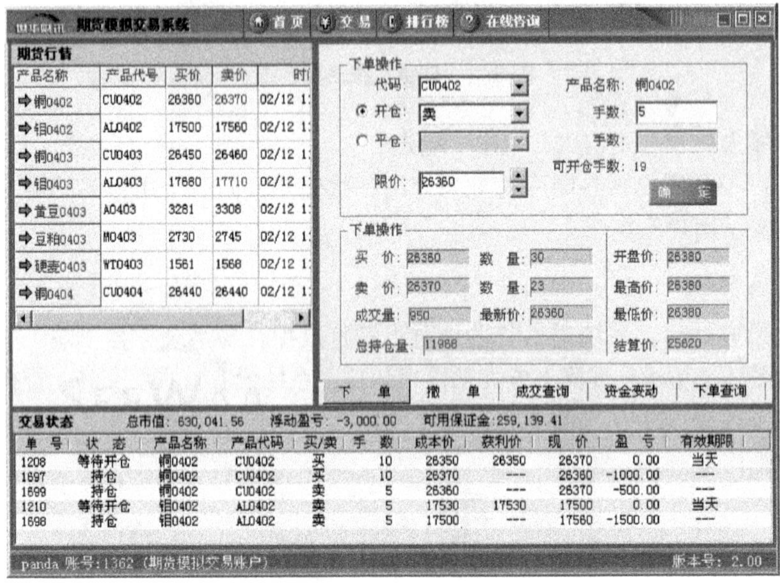

图 3–3　行情信息

在行情页面，点击鼠标右键，在弹出菜单里面选择自选产品，即可进入自选产品界面，如图 3–4 所示。

选择左侧的产品列表中的产品（可以复选），然后点击增加，右边即显示自选产品列表，自选产品最多为 20 个，且自选产品列表产品不能重复。点击“确定”保存自选产品列表。

图 3-4　自选产品

（二）委托交易

1. 开仓

进入交易界面，点击“买卖委托”，进入买卖委托操作区，如图 3-5 所示。

在“下单操作”栏选择“开仓”单选按钮，同时选择开仓产品，该操作也可以通过双击行情信息窗口的产品实现快速开仓操作，如图 3-5 所示。

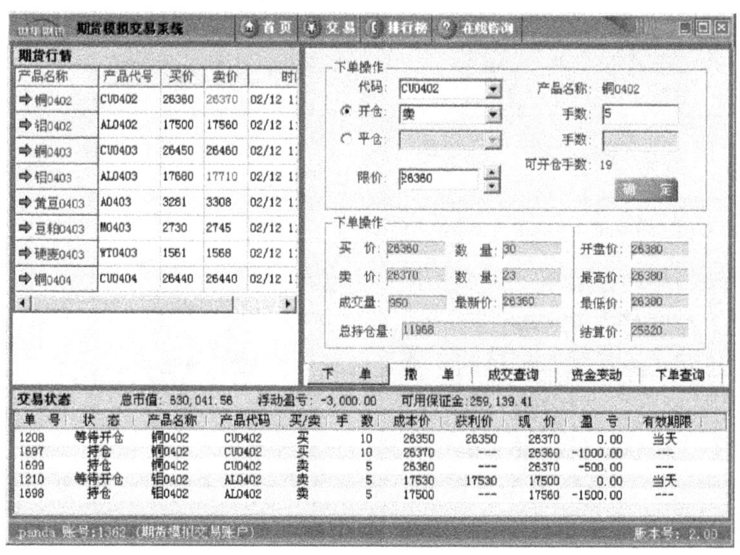

图 3-5　开仓

在“限价”输入框内输入合适的限价，然后填入适当的交易手数点击“确定”，弹出如图 3-6 所示的确认对话框。

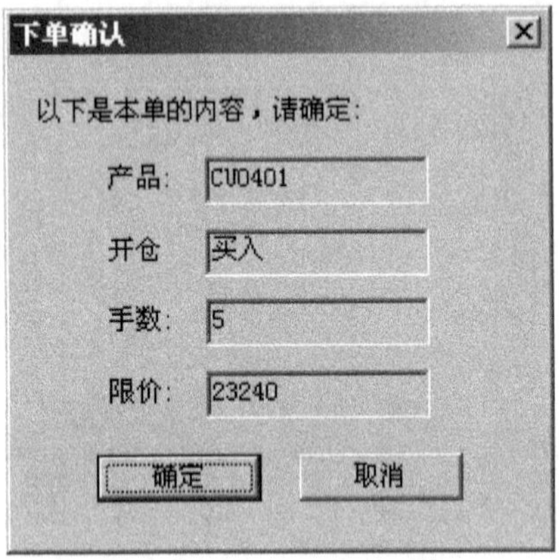

图 3-6　下单确认

点击“确定”确认下单，点击“取消”重新下单。

下单成功则显示如图 3-7 所示提示成功界面，否则显示如图 3-8 所示的出错提示。

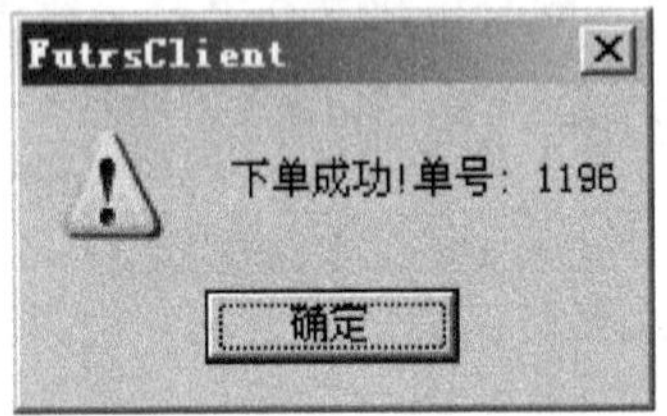

图 3-7　下单成功

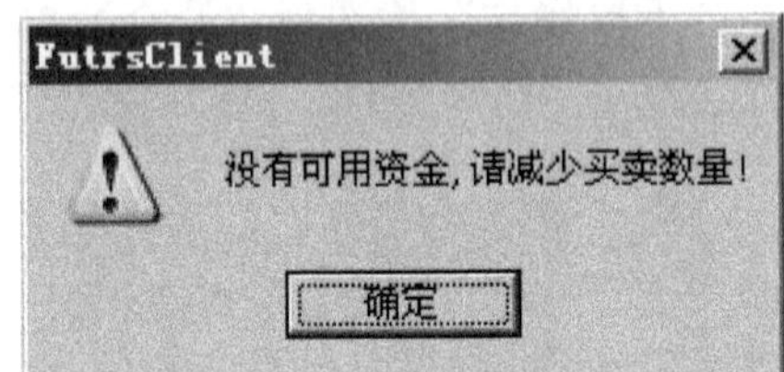

图 3-8　下单出错

2. 平仓

进入交易界面，点击“买卖委托”，进入买卖委托操作区。

在“下单操作”栏选择“平仓”单选按钮，同时选择平仓产品，该操作也可以通过双击委托状态栏里的“持仓列表”实现快速平仓操作。

在“限价”输入框内输入合适的限价，然后填入适当的交易手数点击“确定”，再点击确认对话框的“确定”按钮进行下单。

下单成功则显示如图 3-7 所示提示成功界面，否则显示如图 3-8 所示的出错提示。

3. 撤单

撤单，即撤销当日未成交委托。

点击“撤单”，进入撤单操作区。系统显示等待成交的委托单明细，如图3-9所示。

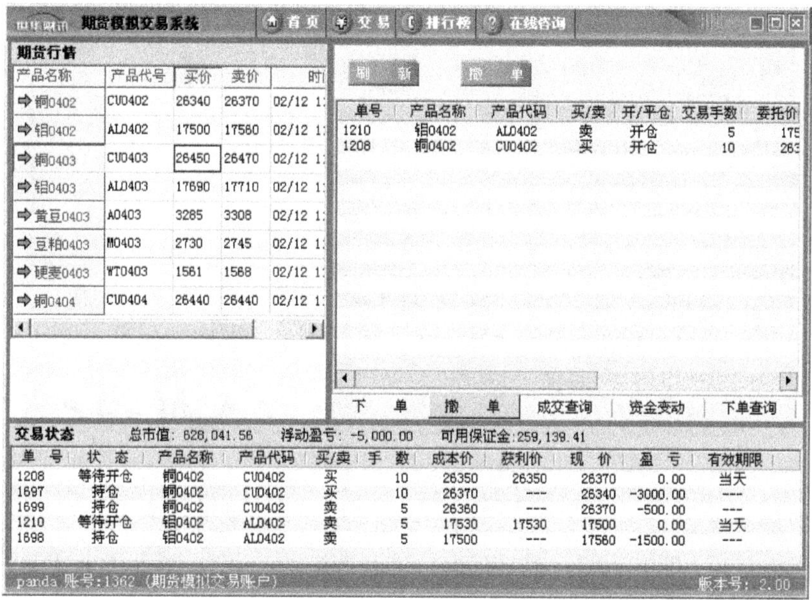

图3-9 撤单

双击“委托单明细”，出现如图3-10所示提示框，点击“是”按钮完成撤单。

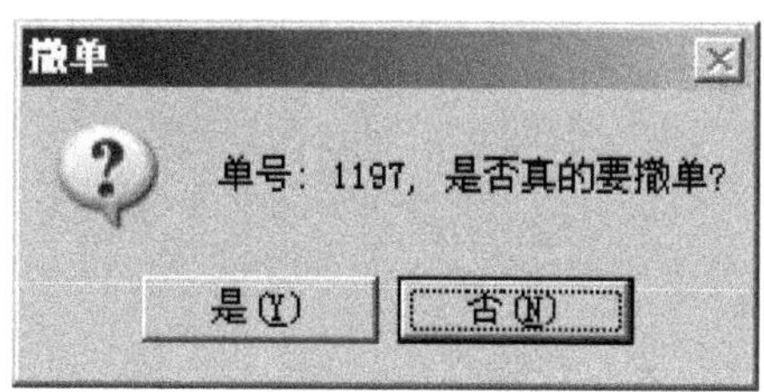

图3-10 撤单确认

4. 委托查询

委托查询，即查询下单委托记录。点击“下单查询”，进入下单查询操作区，系统自动显示当天委托记录。

通过“开始日期”及“结束日期”选择查询委托的起始时间，如图3-11所示。

单击“查询”键即可查看该起始范围内的所有委托记录。

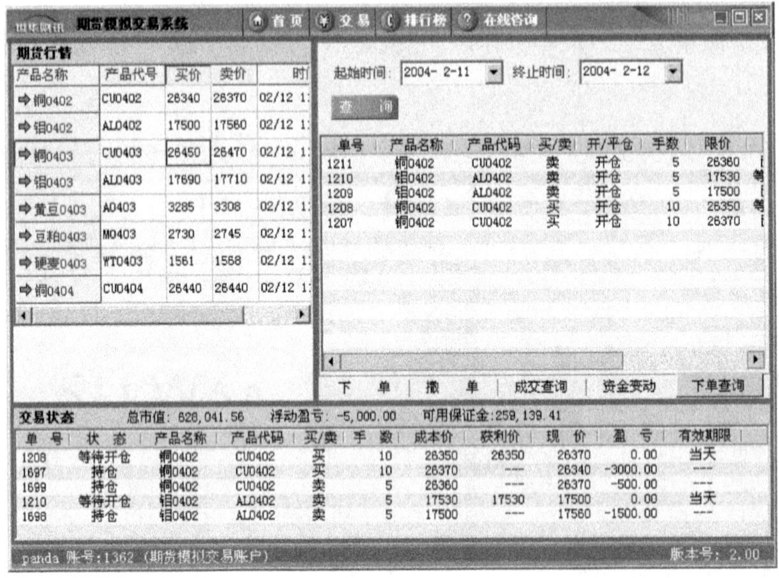

图 3-11 下单查询

5. 资金变动

资金变动，即查看资金变动情况。单击“资金变动”，进入资金变动模块，系统自动出示如图 3-12 所示的账户明细。账户明细显示内容包括变动金额、

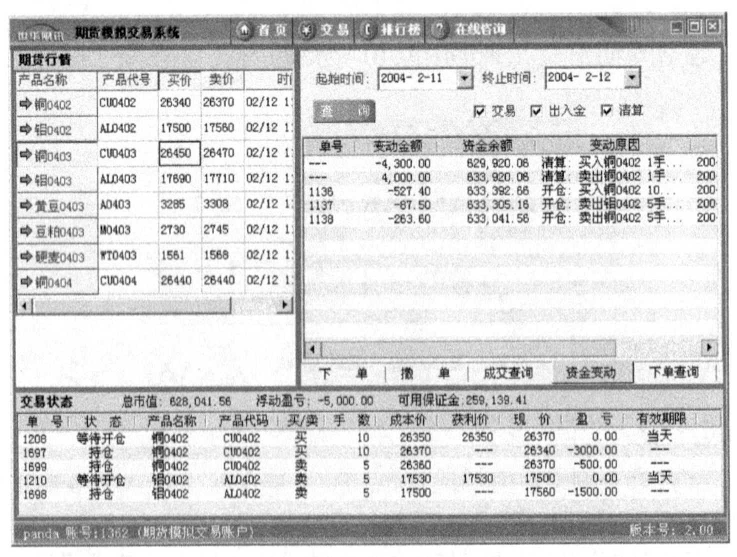

图 3-12 资金变动

资金余额、变动原因、时间等信息。

可根据起始时间、终止时间、分类来选择账户明细的内容。

6. 成交查询

点击“成交查询”键，系统弹出如图 3–13 所示界面。成交单明细内容包括产品名称、产品代码、开平仓、交易手数等信息。

默认情况下显示昨天到今天的成交单明细。用户也可通过选择起始时间和终止时间查看成交单的明细。

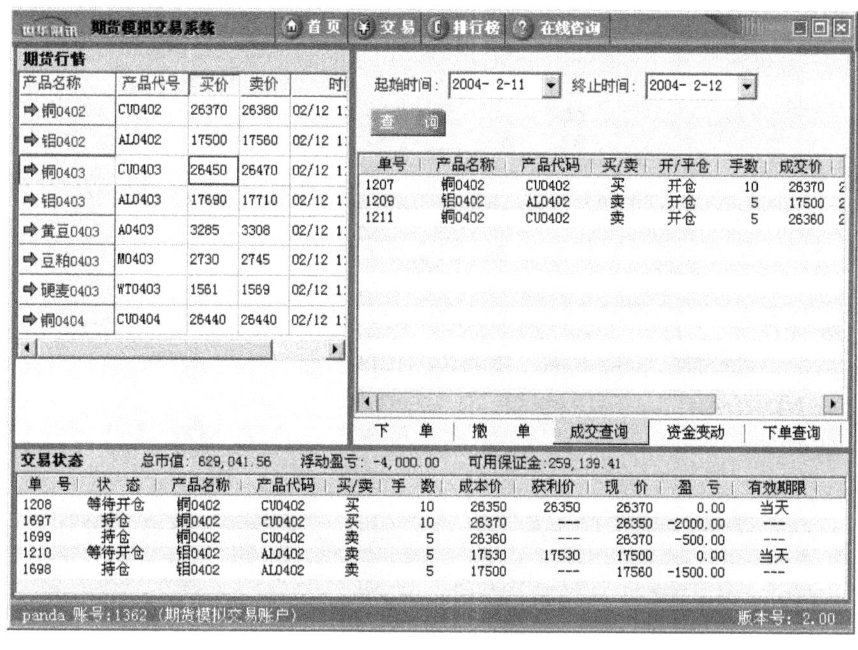

图 3–13　成交查询

7. 委托状态

委托状态，即查看持仓及委托状态。委托状态实时显示在操作界面上，以利于用户随时查看自己的持仓及委托情况（见图 3–14）。委托状态显示市值、浮动盈亏、美元余额等重要信息。

委托状态明细内显示各种货币持仓的信息明细，包括状态、产品名称、产品代码、买卖、手数、成本价、获利价、盈亏等信息。

双击委托状态栏的“持仓”子项可以进行快速平仓操作，双击“等待开仓”或者“等待平仓”的子项可以进行快速撤单，其功能与撤单页面相同。

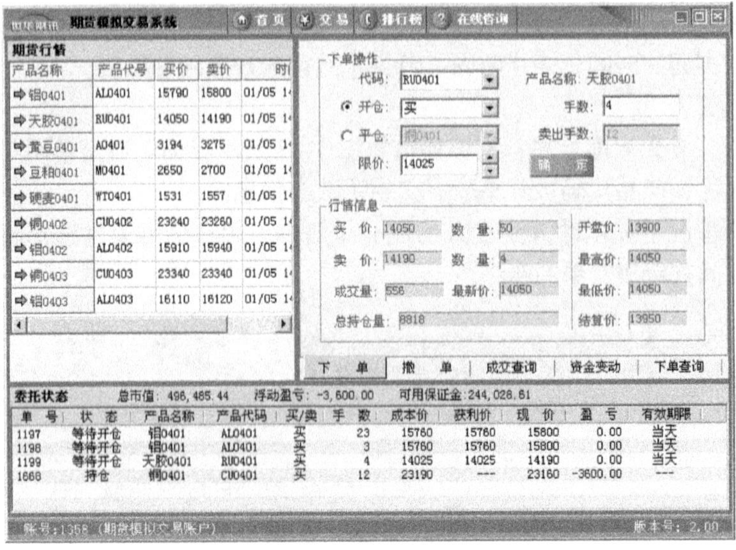

图 3-14　委托状态

8. 排行榜

点击“排行榜”，进入排行榜模块操作区，如图 3-15 所示。

点击总行或中心，排行榜将显示总行或中心范围内的交易成绩前 10 名及本人的名次。

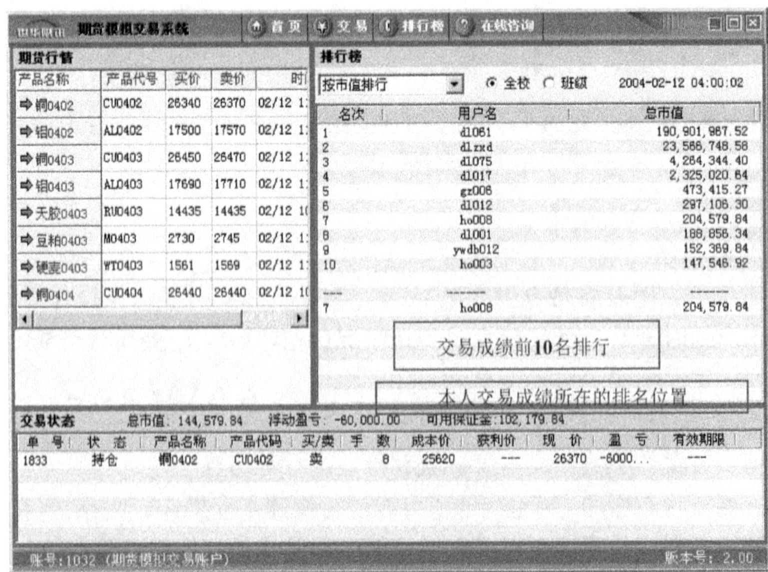

图 3-15　排行榜

点击排序方式对应的下拉框选择排序的标准，即可按所需进行排序显示。本系统可按市值、成交量、最大周（月）盈利、最大周（月）交易量进行排名。

9. 修改登录密码和个人信息

进入首页，点击“修改密码”，进入密码修改模块操作区，如图 3–16 所示。输入旧密码，并两次输入新密码，即可修改密码。

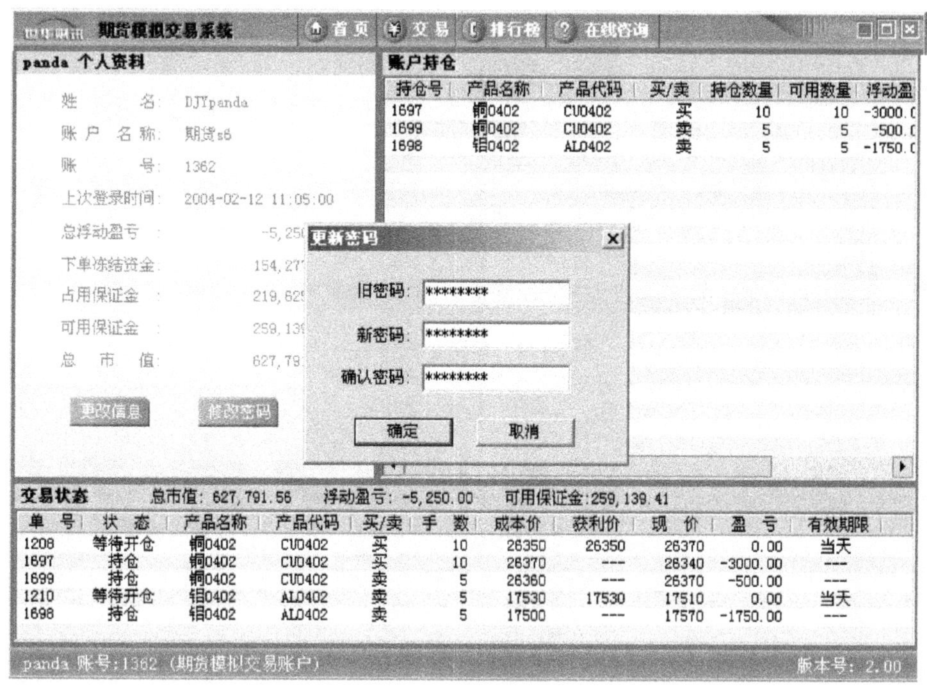

图 3–16 修改密码

点击“更改信息”，进入更改信息模块操作区，如图 3–17 所示。输入昵称、姓、名即可修改个人信息，并在首页显示，如图 3–18 所示。

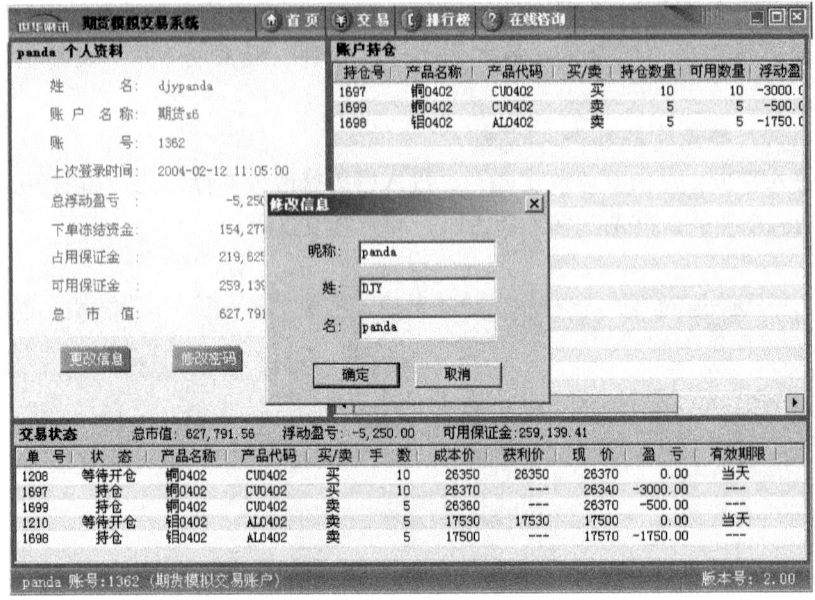

图 3-17　修改个人信息

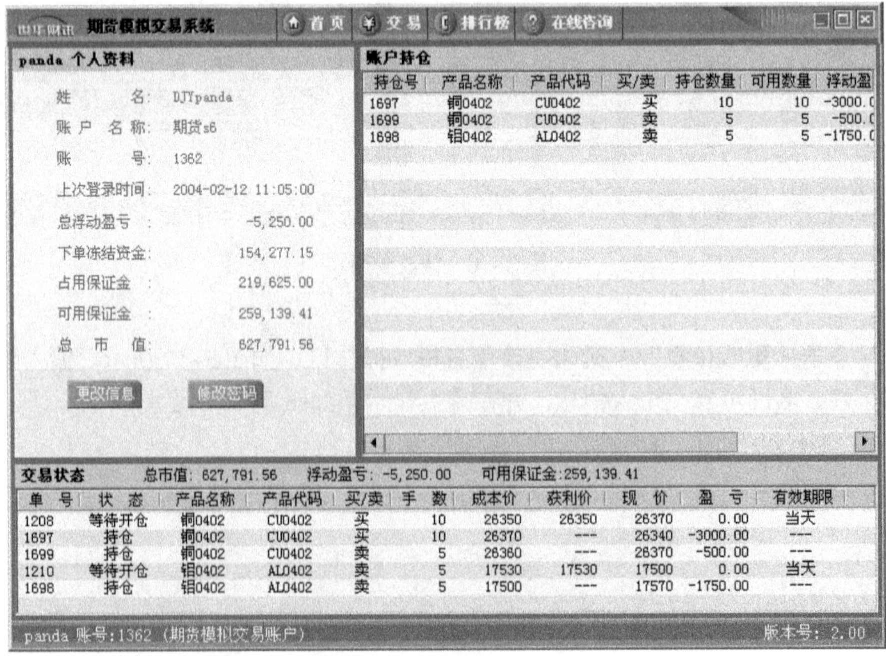

图 3-18　已修改的个人信息

10. 在线咨询

点击“在线咨询”，出现如图 3-19 所示界面，提供在线帮助。

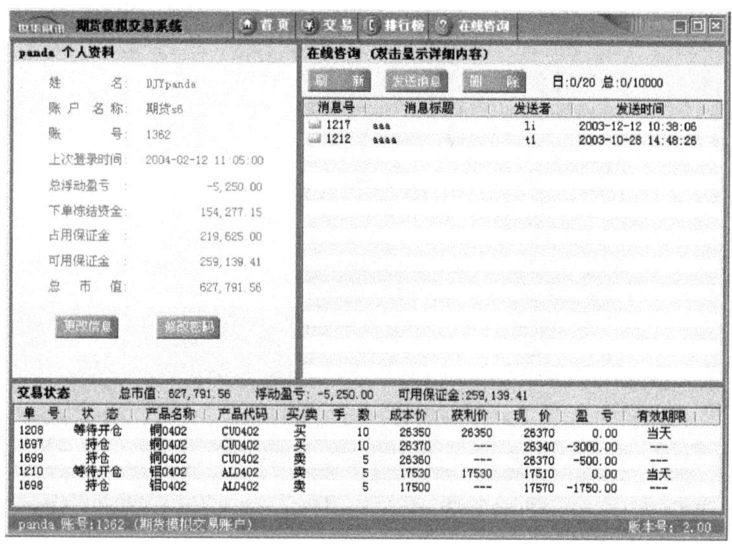

图 3-19 在线咨询

在线咨询通过交易员和管理员相互发送消息的方式给交易员提供在线帮助。点击“发送消息”，出现如图 3-20 所示界面，填写消息内容，点击“发送”即可。

图 3-20 填写咨询内容

双击消息列表子项即显示消息的详细信息，如图 3–21 所示。

图 3–21　消息详细内容

第三节　期货交易流程

期货交易流程主要包括开户与下单、竞价、期货交易结算、实物交割四个部分。

一、期货交易的开户与下单

（一）开设交易账户

期货交易的整个过程是通过期货交易所、结算所、期货经纪公司及交易者四个部分的有机联系来完成的。期货交易所实行会员制管理，能够直接进入期货交易所进行交易的只能是期货交易所的会员，包括期货经纪公司会员和非期货经纪公司会员，所以，普通投资者在进入期货市场交易之前，应首先选择一家具备合法代理资格的期货经纪公司。

1. 正确选择期货经纪公司

期货交易者应按照一定的标准选择资信好的经纪公司。资信好的经纪公司，应具备以下几个条件：①具备合法的代理资格；②信誉良好，资金实力雄厚，承担风险的能力强，能够保障资金的安全性；③运作规范，交易效率高；④对市场的分析和预测客观、有效率，能提供准确的市场信息；⑤有完备、先进的通信设施和市场分析软件；⑥手续费用与交易服务质量相符合；⑦经营业绩良好，拥有结构比较稳定的客户队伍。

2. 选择合适的交易代理人

除非投资者本人精通期货交易业务，善于收集、整理与分析资料，洞察期货行情，有良好的交易策略，否则，投资者应选择合适的交易代理人来协助自己。期货交易者可以要求经纪公司委派交易代理人。合适的交易代表应该具备强烈的敬业精神、丰富的交易经验、高超的市场分析能力及良好的身心状况。

3. 开设交易账户

投资者经过对比、判断，选定期货经纪公司和委托代理人之后，即可向该期货经纪公司提出委托申请开立账户，成为经纪公司的客户。客户分单位客户和个人客户两种。期货交易账户是指期货交易者开设的、用于交易履约保证的资金信用账户。

一般各期货经纪公司会员为客户开设账户的程序基本相同，包括风险揭示、签署合同及缴纳保证金。

（1）风险揭示。客户委托期货经纪公司从事期货交易的，必须事先在期货经纪公司办理开户登记。期货经纪公司在接受客户开户申请时，须向客户提供《期货交易风险说明书》。个人客户应在仔细阅读并理解后，在《期货交易风险说明书》上签字；单位客户应在仔细阅读并理解之后，由单位法定代表人或授权他人在《期货交易风险说明书》上签字并加盖单位公章。

《期货交易风险说明书》的格式和内容是由中国证券监督管理委员会（简称“中国证监会”）统一制定的。期货经纪公司不得为未签订书面期货经纪合同的客户开立账户。期货经纪公司与客户签订期货经纪合同前，应当向客户说明合同条款的含义。在客户明确理解期货经纪合同约定的双方权利义务后，由客户签字确认。

（2）签署合同。期货经纪公司在接受客户开户申请时，应安排适当的经纪人与客户联系，向客户介绍期货交易的有关知识、注意事项，并向客户介绍期货经纪公司和经纪人代理客户买卖期货合约的经验、方法和技术等。客户在与经纪人取得相互信任后，在该经纪人协助下，客户与期货经纪公司签署《期货经纪合同》。具体包括：与期货经纪公司签订《期货买卖委托协议书》，与期货经纪人签订《代理买卖委托书》。组织单位应由法人代表或授权他人在《期货经纪合同》上签字并盖章，个人客户应在该合同上签字。

签订有关协议后，客户需选择一个账号，作为自己今后交易和资金往来结算的代码。期货交易所实行客户交易编码登记备案制，客户开户时应由经纪会员按交易所统一的编码规则进行编号，一户一码，专码专用，不得混码交易。期货经纪公司注销客户的交易编码，应当向交易所备案。

（3）客户缴纳保证金。客户在与期货经纪公司签署期货经纪合同之后，应按规定缴纳开户保证金。期货经纪公司向其客户收取的保证金金额，要高于期货交易所规定的最低收取标准。在正常情况下，期货经纪公司向客户收取的保证金比例相当于成交额的5%~18%不等，并且根据客户所交易期货合约的类型、客户的信誉以及交易的动机不同，差异较大。期货经纪公司应将客户所缴纳的保证金存入《期货经纪合同》指定的客户账户中，供客户进行期货交易；期货经纪公司除了按规定为客户向期货交易所缴存保证金并进行交易结算外，严禁挪作他用。

（二）下单

客户按规定足额缴纳开户保证金后，即可开始交易，进行委托下单。所谓下单，是指客户在每笔交易前向期货经纪公司业务人员下达交易指令，说明拟买卖合约的种类、数量、价格等的行为。期货交易指令的种类很多，并且各种不同交易指令的作用也各不相同。因此，客户应先熟悉和掌握有关的交易指令，然后选择不同的期货合约进行具体交易。

1. 国内交易指令

期货交易指令中价格要求至关重要，它直接关系期货交易的盈亏。故通常按照价格指示的方式不同将期货交易指令分为不同类型。目前，我国期货交易所规定的交易指令主要有两种：限价指令和取消指令。

（1）限价指令（Limit Order）。限价指令是指执行时必须按限定价格或更好的价格成交的指令。下达限价指令时，客户必须指明具体的价位。若交易期间碰不到这个价格，则不能成交。它的优点是可避免因市场价格波动过大而可能导致的风险，按照客户的预期价格成交。它的缺点是成交速度相对较慢，有时甚至无法成交。

限价指令又分为买入限价指令和卖出限价指令。买入限价指令是指当市场价格达到或低于某一价位时才执行买入期货合约的指令。例如，“买入限价为2 100元/吨的2003年5月大豆合约10手”，该指令要求只有当2003

年 5 月大豆期货价格为每吨 2 100 元或低于 2 100 元时才执行买入指令。卖出限价指令是指当市场价格达到或高于某一价位时才执行卖出期货合约的指令。例如，“卖出限价为 2 300 元 / 吨的 2003 年 5 月大豆合约 10 手”，该指令要求只有当 2003 年 5 月大豆期货价格为每吨 2 300 元或高于 2 300 元时才执行卖出指令。

（2）取消指令（Cancellation Order）。取消指令是指客户要求将某一指令取消的指令。通过执行该指令，将客户以前下达的指令完全取消，并且没有新的指令取代原指令。当原指令已经成交时，取消指令无法执行。

我国期货交易所规定交易指令当日有效，在指令成交前，客户可提出变更和撤销指令。期货经纪公司对其代理客户的所有指令，必须通过交易所集中撮合交易，不得私下对冲，不得向客户做获利保证或者与客户分享收益。

2. 国际上常用的交易指令

国际上交易指令的种类很多，但基本类型只有三种：市价指令、止损指令和限价指令。其他指令都是这三种指令的变种，即在原指令种类的基础上附加某些特殊限定条件变化而来。

（1）市价指令。市价指令是指按当时市场价格即可成交的指令，这是最常用的一种指令。当客户认为目前的市场行情对自己有利时，可以下这种指令。经纪公司场内交易接到订单后，应立即以最有利的价格成交。但由于指令下达场内交易员手中需要一段时间，因此客户的意图不一定能够得到准确的执行。

市价指令的特点是：交易者能够迅速进入市场，建立交易头寸；或者能够迅速对冲，退出市场，了结交易头寸；由于期货价格的波动频率较快，而发出市价指令的交易者是以迅速成交为主要目标的，因此成交价格与交易者的期望价格可能有差异。

（2）止损指令。止损指令是指当市场价格达到客户预计的价格水平时即变为市价指令予以执行的一种指令。客户利用止损指令，既可以有效地锁定利润，又可以将可能的损失降至最低限度，还可以以相对较小的风险建立新的头寸。

止损指令是交易者为了避免在交易中发生更大的损失或保护已经得到的盈利而经常使用的一个指令。它的特点是买高卖低，逆市触价转为市价指令执行，即下达止损指令的买入价位高于目前正在交易的期货合约价格，卖出价位则低于目前正在交易的期货合约价格。这种买高卖低的操作反映了交易者对期货市场价格走势的分析和交易策略。

止损指令的重要作用是保护盈利，限制损失。一般情况下，做多头交易利用空头止损指令保护盈利，限制损失。例如，某交易者认为大豆期货价格可能上升，于是以价格 2 050 元 / 吨买进 10 手 5 月份的大豆期货合约，做多头交易。果然，一个星期以后，大豆期货价格上升到 2 155 元 / 吨。交易者认为大豆价格还有上升的趋势，不想立即平仓，但是，又担心大豆价格突然下跌，已实现收益将丧失。此时，交易者可发出止损指令“卖出 10 手 5 月大豆 2 140 止损”，即以止损指令在价位为 2 140，卖出 5 月大豆合约。因为止损指令具有逆市触价执行的特点，所以，当价格趋势转向下跌时，只要价格触及指令价位 2 140，止损指令立即转为市价指令执行。这样就可以保护交易者已有而未实现的收益不遭受损失。与发出止损指令时的期货市场价格相比，空头止损指令的价位比市价低。这就是所谓的卖低。同理，空头交易者可以利用多头止损指令来限制损失。

（3）限时指令（Time Limit Order）。限时指令是指要求在某一时间段内执行的指令。如果在该时间段内指令未被执行，则自动取消。限时指令又可分为两种：当日有效指令和开放性指令。当日有效指令必须在某一交易日内按照既定价格执行，在许多期货交易所，如果不另行说明，所有的指令都被视作当日有效指令。开放性或撤销前一直有效指令则与此不同，它可以在合约到期前或客户取消这一指令前任何一个交易日内执行。

（4）触价指令（Market if Touched Order）。市场价格的变动如果触及了客户所设置的价位，该指令即成为市价指令而被执行。这个指令既有限价指令的特点，又是一个特殊市价指令。在买进时它必须在期货合约价格降至或低于指令价位时转为市价指令，在卖出时它必须在期货价位涨至或高于指令价位时转为市价指令。

（5）止损限价指令（Stop-limit Order）。止损限价指令是止损指令和限价指令的结合。在市场价位变化急剧时，止损指令的成交价差距可能很大。因此，在止损指令上加上限价指令，使其成交价控制在一定范围内。但这一指令在急剧变化的市场上有时不能保证被执行。

止损限价指令既有止损指令买高卖低、逆市触价执行的特点，又有触价即转为限价指令而非市价指令的好处。这一指令要求场内交易员在市场触及指令价位后，以等于或低于指令价位买进，等于或高于指令价位卖出。

（6）组合指令（Combination Order）。组合指令是指同时发出两个指令，将两个指令放在一起同时执行。组合指令可分为依序指令、依存指令和套利指令三种。依序指令即一组放入市场的组合指令中，只要当中某一种指令成交，其余即自动取消。依存指令是指一种指令是否执行依存于另一指令的执行情况，如果后者成交，则执行前者，否则前者无效。套利指令是期货投机套利交易中经常使用的一种指令，是指同时买入和卖出两种期货合约的指令。根据套利交易的需要，套利指令又可分为三种：跨月套利指令、跨市套利指令和跨商品套利指令。跨月套利指令用于同时买进和卖出某一交易所的相同种类但交割月份不同的期货合约，该指令一般附有对价差的限制条件；跨市套利指令是同时买进和卖出不同交易所的相同商品期货，以谋取商品的地区差价；跨商品套利指令是指令交易员同时买进和卖出彼此相关的不同商品期货，以便在价格趋势发生变化时可以用一种商品期货交易的盈亏去弥补或冲销另一种商品期货交易的亏盈。这类指令风险较小，因此佣金费用较低。

3. 下单方式

客户在正式交易前，应制订详细而周密的交易计划。在此之后，客户即可按计划下单交易。客户可以通过自助下单、电话下单、网上下单、书面下单等或中国证监会规定的其他方式向期货经纪公司下达指令。

（1）自助下单。客户开户后，期货经纪公司会给客户代号及密码，客户据此在交易厅中的计算机上输入交易指令，如买卖商品、数量、合约月份等信息。输入交易信息后，可立即查询是否成交、成交价格、成交数量等信息。现在经纪公司基本上采用此类下单方式。

（2）电话下单。客户通过电话直接将指令下达期货经纪公司交易部，期货经纪公司交易部在接受客户指令后，即及时用电话通知出市代表，出市代表应及时将客户指令输入交易席位上的计算机终端进行竞价交易，或者由该期货经纪公司交易部的工作人员通过与交易所主机远程联网的交易终端，输入客户的交易指令进入交易所主机撮合成交。期货经纪公司需将客户的指令予以录音，以备查证。事后，客户应按规定在交易单上签名确认。

（3）书面下单。客户亲自填写交易单，填好后签字交由期货经纪公司交易部，再由期货经纪公司交易部通过电话报单至该期货经纪公司在期货交易所场内的出市代表，由出市代表输入指令进入交易所主机撮合成交。2002 年以前中国的期货交易绝大多数采用书面下单这种形式，现在，这种下单方式很少了，但这种方式有助于初学者熟悉期货交易程序。

交易指令单应填好下列内容：客户编码、交易指令日期及时间、买卖的商品名称、月份、数量、价格、平仓或是新开仓等信息。最后，经纪人和交易指令下达人签字。

（4）网上下单。随着计算机技术的发展，网上交易得到了广泛应用并逐渐成为发展趋势，网上下单使交易更加方便和快捷，从而大大提高了交易效率。客户通过因特网或局域网，使用经纪公司配置的网上下单系统进行网上下单。进入系统后，客户需输入自己的客户号与密码，经确认后即可输入下单指令。

下单指令通过因特网或局域网传到经纪公司后，通过专线传到交易所主机进行撮合成交。客户可以在经纪公司的下单系统获得成交回报。

二、期货交易的竞价

只有期货交易所会员才能在交易场内直接买卖期货合约，非期货交易所会员的期货交易者只能通过期货经纪公司的代理而间接地进行交易。所以，在期货交易所进行现场交易的人员都是交易所的会员或会员指派的出市代表。在期货交易所进行现场交易的人员根据其职责和交易目的不同可区分为场内经纪人和自营交易者。

不论场内交易者属于何种类型，他们都是以公开竞价的方式买入或卖出期货合约。目前采用场内公开竞价方式主要有两类：公开喊价方式和计算机撮合成交。

我国交易所均采用计算机自动撮合成交竞价方式，它是根据公开喊价的原理设计而成的一种计算机自动化交易方式，是指期货交易所的计算机交易系统对交易双方的交易指令进行配对的过程。这种交易方式相对公开喊价方式来说，具有准确、连续等特点，但也存在交易系统故障等造成的风险。

国内期货交易所计算机交易系统的运行，一般是将买卖申报单以价格优先、时间优先的原则进行排序。当买入价大于、等于卖出价时则自动撮合成交，撮合成交价等于买入价（bp）、卖出价（sp）和前一成交价（cp）三者中居中的一个价格。即：

当 $bp \geqslant sp \geqslant cp$，则最新成交价 $=sp$

当 $bp \geqslant cp \geqslant sp$，则最新成交价 $=cp$

当 $cp \geqslant bp \geqslant sp$，则最新成交价 $=bp$

开盘价和收盘价均由集合竞价产生。

开盘价集合竞价在某品种某月份合约每一交易日开始前 5 分钟内进行，其中前 4 分钟为期货合约买、卖价格指令申报时间，后一分钟为集合竞价撮合时间，开市时产生开盘价。

收盘价集合竞价在某品种某月份合约每一交易日收市前 5 分钟内进行，其中前 4 分钟为期货合约买、卖价格指令申报时间，后一分钟为集合竞价撮合时间，收市时产生收盘价。

交易系统自动控制集合竞价申报的开始和结束，并在计算机终端上显示。

集合竞价采用最大成交量原则，即以此价格成交能够得到最大成交量。

高于集合竞价产生的价格的买入申报全部成交；低于集合竞价产生的价格的卖出申报全部成交；等于集合竞价产生的价格的买入或卖出申报，根据买入申报量和卖出申报量的多少，按少的一方的申报量成交。

集合竞价产生价格的方法如下：

第一，交易系统分别对所有有效的买入申报按申报价由高到低的顺序排序，申报价相同的按照进入系统的时间先后排列；所有有效的卖出申报按申报价由低到高的顺序排序，申报价相同的按照进入系统的时间先后排列。

第二，交易系统依次逐步将排在前面的买入申报和卖出申报配对成交，直至不能成交为止。如最后一笔成交是全部成交的，取最后一笔成交的买入申报价和卖出申报价的算术平均价为集合竞价产生的价格，该价格按各期货合约的最小变动价位取整；如最后一笔成交是部分成交的，则以部分成交的申报价为集合竞价产生的价格。

开盘集合竞价中的未成交申报单自动参与开市后竞价交易。收盘集合竞价前的未成交申报单继续参与收盘集合竞价。

三、期货交易的结算

（一）期货交易结算概念及结算方式

期货交易是由交易所的结算机构或独立的结算机构来进行结算的，在交易所内达成的交易，只有经结算机构进行处理后才算最终达成。因此，期货交易的结算是期货交易的最基本特征之一。结算是指根据交易结果和交易所有关规定对会员交易保证金、盈亏、手续费、交割货款和其他有关款项进行的计算、划拨。结算包括交易所对会员的结算和期货经纪公司会员对其客户的结算，其计算结果将被计入客户的保证金账户。

期货交易所的结算实行保证金制度、每日无负债制度和风险准备金制度等。与期货市场的层次结构相适应，期货交易的结算也是分级、分层的。交易所只对会员结算，非会员单位或个人通过其期货经纪公司会员结算。

1. 交易所对会员的结算

每一交易日交易结束后，交易所会对每一会员的盈亏、交易手续费、交易保证金等款项进行结算。结算完成后，交易所采用发放结算单据或电子传输方式向会员提供当日结算数据，其结果是期货经纪会员核对当日有关交易并对客户进行结算的依据。

期货结算所会员可以通过会员服务系统在每个交易日的规定时间内获得“会员当日平仓盈亏表”“会员当日成交合约表”“会员当日持仓合约表”和“会

员资金结算表”。期货结算所会员每天应及时获取期货结算所提供的结算结果，做好核对工作，并将之妥善保存。如果会员对期货结算所的结算结果有异议，应在第二天开盘后指定时间内以书面形式通知期货结算所；否则，期货结算所则认为会员已认可结算数据的准确性。

期货结算所的交易结算完成后，就将会员资金的划转数据传送给有关结算银行，会员资金按当日盈亏进行划转，当日盈利划入会员结算准备金，当日亏损从会员结算准备金中扣划。每日结算后，如果会员的结算保证金低于期货结算所规定的最低保证金水平，期货结算所按规定方式和时间通知会员追加保证金。

2. 期货结算所会员或期货经纪公司对客户的结算

期货结算所会员或期货经纪公司对客户的结算，与期货结算所对结算会员的结算方式一样，即每一个交易日结束后，对每一个客户的交易盈亏、交易手续费、交易保证金等款项进行结算。

通常期货结算所会员或期货经纪公司对客户的交易手续费和交易保证金的要求会高于期货结算所对结算会员的要求水平。期货结算所会员或经纪公司在每日结算后应向客户发出交易结算单。每日结算后如果客户的保证金水平低于规定水平，期货结算所会员或期货经纪公司将按照合同约定的方式和时间通知客户追加保证金。

（二）期货交易的结算公式

1. 准备金余额计算

当日结算准备金余额的计算公式如下：

当日结算准备金余额 = 上一交易日结算准备金额 + 上一交易日交易保证金 − 当日交易保证金 + 当日盈亏 + 入金 − 出金 − 手续费等

2. 当日盈亏计算

在结算准备金余额的计算公式中，当日盈亏是核心内容，它包括两部分：一部分是对所持有的合约在当日平仓所产生的盈亏，称为平仓盈亏；另一部分是一直持有合约到当日交易结束所产生的盈亏，称为持仓盈亏。平仓盈亏又可以分为对以前交易日开仓的合约进行平仓所产生的盈亏（平历史仓盈亏）和当天开仓当天平仓所产生的盈亏（平当日仓盈亏）。持仓盈亏也分为两种情况：一种是以前交易日开仓的合约一直持有到当天交易结束所产生的历史持仓盈亏；另一种是当天开仓一直持有到当天交易结束产生的当日开仓持仓盈亏。具体计算公式如下：

当日盈亏 = 平仓盈亏 + 持仓盈亏

（1）平仓盈亏 = 平历史仓盈亏 + 平当日仓盈亏

平历史仓盈亏 = Σ[（卖出平仓价 – 上一交易日结算价）× 卖出平仓量]+ Σ[（上一交易日结算价 – 买入平仓价）× 买入平仓量]

平当日仓盈亏 = Σ[（当日卖出平仓价 – 当日买入开仓价）× 卖出平仓量]+ Σ[（当日卖出开仓价 – 当日买入平仓价）× 买入平仓量]

（2）持仓盈亏 = 历史持仓盈亏 + 当日开仓持仓盈亏

历史持仓盈亏 =（当日结算价 – 上一日结算价）× 持仓量

当日开仓持仓盈亏 = Σ[（卖出开仓价 – 当日结算价）× 卖出开仓量]+ Σ[（当日结算价 – 买入开仓价）× 买入开仓量]

将上述公式综合起来，可构成当日盈亏的总公式：

当日盈亏 = Σ[（卖出成交价 – 当日结算价）× 卖出量]+ Σ[（当日结算价 – 买入成交价）× 买入量]+（上一交易日结算价 – 当日结算价）×（上一交易日卖出持仓量 – 上一交易日买入持仓量）

3. 当日交易保证金计算

当日交易保证金的计算公式如下：

当日交易保证金 = 当日结算价 × 当日交易结束后的持仓量 × 交易保证金比例

当日盈亏在每日结算时进行划转，当日盈利划入会员结算准备金，当日亏损从会员结算准备金中扣划。当日结算时的交易保证金超过昨日结算时的交易保证金部分从会员结算准备金中扣划。当日结算时的交易保证金低于昨日结算时的交易保证金部分划入会员结算准备金。

手续费、税金等各项费用从会员的结算准备金中直接扣划。

四、期货交易的实物交割

在期货交易中，所交易的期货合约是在未来某个远期交割一定数量和质量等级实物商品的标准化合约。对于所有的期货合约交易来说，只能以两种方式进行平仓：一种是在交割期到来前做相反的交易来履行期货合约的责任，这称为对冲平仓；另一种是在期货合约到期后进行实物商品的买卖，称为交割平仓。如果期货合约到期时，交易者并未通过“对冲”对自己拥有的期货合约进行平仓，就必须做好实物交割的准备。

（一）实物交割的概念与作用

实物交割是指期货合约到期时，交易双方通过该期货合约所载商品所有权的转移，了结到期未平仓合约的过程。商品期货交易一般采用实物交割制度。

虽然最终用于实物交割的期货合约的比例非常小，但正是这极少量的实物交割将期货市场与现货市场联系起来，为期货市场功能的发挥提供了重要的前提条件。

当期货合约到期尚未对冲，交易双方就必须通过该期货合约所载商品的所有权转移来了结未平仓合约，即实物交割。由于期货合约在到期日前经过多次买卖转手，交易双方很难知道对手是谁，也就很难独立地进行实物交割，因此，买卖双方必须通过交易所进行实物交割（国内各交易所一般都有自己的交割清算部门），并在交易所规定的地点（一般为交易所指定的交割仓库）进行实际货物的交收。

（二）标准仓单

在实物交割的具体实施中，买卖双方并不是直接进行实物商品的收交，而是交收代表商品所有权的标准仓单，因此，标准仓单在实物交割中扮演着十分重要的角色。

1. 标准仓单的概念

仓单是指由交易所统一制定的，交易所指定交割仓库在完成入库验收、确认合格后签发给货主的实物提货凭证。标准仓单经交易所注册后生效。交易所通过计算机办理标准仓单的注册登记、交割、交易、质押和注销等业务。标准仓单的持有形式为《标准仓单持有凭证》。

《标准仓单持有凭证》是交易所开具的代表标准仓单所有权的有效凭证，是在交易所办理标准仓单交割、交易、转让、质押、注销的凭证，受法律保护。标准仓单数量因交割、交易转让、质押、注销等业务发生变化时，交易所收回原《标准仓单持有凭证》，签发新的《标准仓单持有凭证》。会员持有《标准仓单持有凭证》必须由专人保管，不得涂改、伪造。如有遗失，会员须及时到交易所办理挂失手续。标准仓单可用于交割、转让、提货、质押等。

2. 仓单的形成过程

标准仓单生成包括交割预报、商品入库、验收、指定交割仓库签发及交易所注册等环节。

会员或客户向指定交割仓库发货前，必须由会员到交易所办理交割预报，由交易所同意安排指定交割仓库。未办理交割预报入库的商品不能生成标准仓单。指定交割仓库凭《交割预报表》安排货位、接收商品，并按交易所有关规定对入库商品的种类、质量、包装等进行检验。入库商品检验合格后，指定交割仓库填写《储存商品检验证明》（附指定交割仓库商品检验报告）报交易所。《标准仓单注册申请表》上须注明会员号、客户码、交割品种、交割月份、申请数量，须加盖指定交割仓库公章和法定代表人章、仓库经办人签章、客户章（签字），同时注明开具日期及指定交割仓库仓储费用付止日。交易所对检验合格的货物进行检查，确认无误后予以登记注册。

货物卖方所在会员单位凭指定交割仓库开出的证明到交易所领取《标准仓单注册申请表》和《标准仓单持有凭证》。标准仓单自交易所注册之日起生效。

3. 标准仓单的流通过程

标准仓单的流通是指标准仓单用于在交易所履行到期合约的实物交割、标准仓单交易及标准仓单在交易所外转让。

标准仓单进行实物交割的，其流转程序如下：①卖方客户背书后交卖方经纪会员；②卖方经纪会员背书后交至交易所；③交易所盖章后交买方经纪会员；④买方经纪会员背书后交给买方客户；⑤买方非经纪会员、买方客户背书后至仓库办理有关手续；⑥仓库或其代理人盖章后，买方非经纪会员、买方客户方可提货或转让。

标准仓单转让必须通过会员在交易所办理过户手续，同时结清有关费用。交易所向买方签发新的《标准仓单持有凭证》，原《标准仓单持有凭证》同时作废。未通过交易所办理过户手续而转让的标准仓单，发生的一切后果由标准仓单持有人自负。

4. 标准仓单的注销

标准仓单的注销是指标准仓单合法持有人到交易所办理标准仓单退出流通手续的过程。

标准仓单持有人注销标准仓单，须通过会员提交标准仓单注销申请及相应的《标准仓单持有凭证》。标准仓单注销申请需填写的内容包括：会员名称、会员号、客户名称、客户码、注销品种、数量、提货仓库意见。

交易所根据会员申请及指定交割仓库的具体情况安排提货仓库，开具《提货通知单》，并注销相应的标准仓单，结算有关费用。货主在实际提货日3天前，凭《提货通知单》与指定交割仓库联系有关出库事宜。货主提货时，须向指定交割仓库提供提货人身份证、提货人所在单位证明，同时与仓库结清自标准仓单注销日次日至提货日的有关费用。货主必须在《提货通知单》开具后10个工作日内到指定交割仓库办理提货手续。逾期未办的，按现货提货单处理，凭现货提货单提取的商品，指定交割仓库不保证全部商品质量符合期货标准。

即将退出流通的标准仓单自最后交割年度最后一个交割月的次月第一个交易日起5个交易日内必须办理标准仓单注销手续。逾期不办理的，交易所可以将其仓单注销。由此造成的一切损失，由仓单持有人承担。

（三）交割方式与交割结算价

1. 交割方式

（1）集中交割。这是指所有到期合约在交割月份最后交易日过后一次性集中交割的交割方式。

（2）滚动交割。这是指除了在交割月份的最后交易日过后对所有到期合约全部配对交割外，在交割月第一交易日至最后交易日之间的规定时间也可以进行交割的方式。

目前，我国期货交易所的到期合约实物交割对这两种方式都予以采纳，上海期货交易所和大连期货交易所主要采用集中交割方式进行实物交割，而郑州期货商品交易所和大连商品交易所的豆粕合约主要采用滚动交割方式进行实物交割。

2. 交割结算价

我国期货合约的交割结算价通常为该合约交割配对日的结算价或为该期货合约最后交易日的结算价。大连商品交易所的交割结算价，则是该合约自交割月份第一个交易日起至最后交易日所有结算价的加权平均价。交割商品计价以交割结算价为基础，再加上不同等级商品质量升贴水，以及异地交割仓库与基准交割仓库的升贴水。

交易所会员进行实物交割，还应按规定向交易所缴纳交割手续费。

（四）实物交割的流程

实物交割要求以会员名义进行。客户的实物交割均由会员代理，并以会员名义在交易所进行。由于期货合约在到期前可能已经多次转手买卖，而且期货交易者主要是通过期货经纪公司代理进行交易，交易双方并不知道交易对手是谁。因此，最后持有到期合约的买卖双方必须通过期货结算所实行交割，并在期货交易所规定的地点进行交割。

1. 实物交割的一般程序

期货交易的交割实质由结算所负责。结算所对货物交割的管理，大大简化了实物交割的程序，使实物交割能够顺利完成。实物交割程序如下：

第一，卖方通过结算会员向结算所发出交割通知。

一旦期货合约卖方打算实物交割，就在第一个通知日到最后通知日期间，通过结算会员向结算所递交交割通知。通知上载明商品交割等级、价格、交割地点、交割日期。一般规定一份合约对应一份交割通知，打算办理几份合约的实物交割，就必须向结算所递几份交割通知。

交割日期。交割通知可在第一个通知日到最后通知日期间发出。各交易所对第一个和最后通知日的规定略有差异。第一个通知日通常定为交割月份前一月的最后一个交易日；最后通知日一般定为合约的最后交易日。交割通知发出的日期决定交割日期，即交割日期是交割通知发出日的下一个交易日。

交割价格。交割通知上载明的价格，即办理实物交割时买方应向卖方支付货款的价格，必须用上一个交易日的结算价格。

交割等级。期货合约中规定有标准化质量等级。如果实物交割等级比标准质量等级高或低，就由期货交易所来决定相应的升水或贴水额。

交割地点。各期货交易所都建有自己的仓库设施，其实物交割只能在这些地点进行。期货合约卖方在进行实物交割时，可以从中任选一个。

第二，结算所向买方结算会员发出交割通知。

结算所在接到卖方的结算会员转来的交割通知后，就立即根据每天结算后的登记记录，查找出最符合要求的结算会员公司，并向其发出交割通知。在若干买方结算会员中，交割通知究竟发给谁，即如何找到最符合要求的买方结算会员？一般有这样的方法：①根据结算所中该月份总交易清册的记录，查找出持有未平仓多头时间最长的结算会员公司，使其优先收到交割通知。其余的按持约时间长短顺序分派。②根据结算所中该月份总交易清册的记录，按结算会员公司持有未平仓多头合约数量多少，在结算会员公司之间按比例分派交割通知。③凡持有未平仓多头期货合约的结算会员公司，都有义务接受结算所发出的交割通知。

结算所在发出交割通知的同时，还必须通知期货交易所的检查交收部，检查交收部接到结算所发来的发生实货交割的信息后，就马上对卖方准备交割的实货商品进行检验，对符合交易所规定、符合合约规定的等级标准的实物商品，发给检验证书，准许交割。

第三，结算会员公司向客户发出交割通知。

结算会员公司在接到结算所转来的交割通知后，在他不是真正买方的情况下，根据公司的交易记录，查找出最符合要求的买方客户，并向该客户发出交割通知。其查找方法与结算所一致。

买方的结算会员公司还要把所查找出来的买方的名称、所在地等情况通知结算所，再由结算所通知卖方的结算会员，最后传达给卖方。

第四，进行实物交割。

进行实物交割时，买方通过结算会员向结算所交付货款，卖方通过结算会员向结算所交出提货单。结算所再通过买卖双方的结算会员转交提货单和货款。最后，买方得到某指定仓库的提货单，卖方收到货款。

2. 不同交易所随交割方式在程序上略有不同

交割的具体流程依集中交割或滚动交割而有所不同。

大连商品交易所集中交割的具体规定如下：①最后交易日收市后，交易所按“数量取整”的原则通过计算机对交割月份持仓合约进行交割配对。配对结果一经确定，买卖双方不得变更。②最后交易日结算后，交易所将交割月份买入持仓的交易保证金转为交割款项。③最后交割日上午 10：00 之前，卖方会员须将与其交割月份合约持仓相对应的全部标准仓单和增值税发票交到交易所，买方会员须补齐与其交割月份合约持仓相对应的全额货款。④最后交割日结算时，交易所将交割货款付给卖方会员。交易所给买方会员开具《标准仓单持有凭证》。⑤增值税发票的流转过程为：交割卖方客户给对应的买方客户开具增值税发票，客户开具的增值税发票由双方会员转交、领取并协助核实，交易所负责监督。

上海期货交易所集中交割的具体规定如下：①实物交割必须在合约规定的交割期内完成。交割期是指合约月份的 16 日至 20 日。因最后交易日遇法定假日顺延的或交割期内遇法定假日的，均相应顺延交割期，保证有 5 个交割日，分别称为第一、第二、第三、第四、第五交割日，第五个交割日为最后交割日。②第一交割日：买方申报意向。买方在第一交割日内，向交易所提交所需商品的意向书，内容包括品种、牌号、数量及指定交割仓库等；卖方交标准仓单。卖方在第一交割日内将已付清仓储费用的有效标准仓单交交易所。③第二交割日：交易所分配标准仓单。交易所在第二交割日根据已有资源，按照“时间优先、数量取整、就近配对、统筹安排”的原则，向买方分配标准仓单。不能用于下一期货合约交割的标准仓单，交易所按所占当月交割总量的比例向买方分摊。④第三交割日：买方交款、取单。买方必须在第三交割日 14：00 前到交易所交付货款并取得标准仓单。卖方收款。交易所在第三交割日 16：00 前将货款付给卖方。⑤第四、第五交割日：卖方交增值税专用发票。

郑州商品交易所和大连商品交易所的豆粕合约滚动交割具体规定如下：①凡是持有标准仓单的卖方会员均可在进入交割月前一个交易日至交割月最后交易日的交易期间，凭标准仓单到交易所办理标准仓单抵押手续，以头寸形式释放相应的交易保证金。卖方会员必须到交易所办理撤销标准仓单抵押后，方可提出交割申请。②交易所实行“三日交割法”。第一日为配对日。凡持有标准仓单的卖方会员均可在交割月第一交易日至最后交易日的交易期间，通过席位提出交割申请。没有进行仓单质押的交割申请提出后，释放相应的交易保证金；卖方会员在当日收市前可通过席位撤销已提出的交割申请，撤销交割申请后，重新收取相应的保证金。交割月买方会员无权提出交割申请，交易所根据卖方会员的交割申请，于当日收市后采取计算机直接配对的方法，为卖方会员找出持该交割月多头合约时间最长的买方会员。交割关系一经确定，买卖双方不得擅自调整或变更。第二日为通知日。买卖双方在配对日的下一交易日收市前到交易所签领交割通知单。第三日为交割日。买卖双方签领交割通知的下一个交易日为交割日。买方会员必须在交割日上午9：00之前将尚欠货款划入交易所账户。卖方会员必须在交割日上午9：00之前将标准仓单凭证交到交易所。

（五）交割违约的处理

1. 交割违约的认定

期货合约的买卖双方有下列行为之一的，构成交割违约：①在规定的交割期限内卖方未交付有效标准仓单；②在规定的交割期限内买方未解付货款或解付不足。

2. 交割违约的处理

会员在期货合约实物交割中发生违约行为，交易所应先代为履约。交易所可采用征购和竞卖的方式处理违约事宜，违约会员应负责承担由此引起的损失和费用。交易所对违约会员还可以处以支付违约金、赔偿金等处罚。

第四章 “国际商务谈判”实验指导

第一节 “国际商务谈判”实验大纲

一、实验课程简介

本课程主要向学生讲授有关商务谈判的基础知识和运作规律，同时，有机地将国际商务与国内商务谈判的操作技巧结合起来，为造就成功的商务活动谈判人才奠定基础。

二、实验课目的

“国际商务谈判”是一门实践性较强的课程，以新的专业目录和人才培养方案为依据，适应多样化人才培养的需要，正确把握教学内容和课程体系的改革方向，在选择实验内容时注意体现素质教育、创新能力和实践能力的培养，为学生知识、能力、素质的协调发展创造条件。

三、实践课教学过程

“国际商务谈判”立足于不断提升学生素质的需要，提出了显性外化教学的新理念。在课程教学中，通过精心的教学设计，把“国际商务谈判”的某些教学内容作为问题提出，让学生加以解决，从而使“国际商务谈判”的实践教学过程更加符合构建人才素质的需要。通过合理的实践教学功能的发挥，使学生获得知识，发展能力，形成良好品格和掌握科学合理的方法。因此，本课程在构建多元化和综合化的教育课程体系、营造自主性和合作性的学习氛围以及实行丰富多彩和行之有效的实践教学环节等方面取得了一系列创新性成果。

本课程主要以显性外化教学理念为指导，采取授课教师课堂案例讲授与学生小组模拟谈判相结合的实践教学模式，形成了“阅读—授课—模拟谈判环环相扣，思考—讨论—相互合作步步深入”的教学过程，使课堂由“讲堂”

变为“学堂”，把学生由“听客”“看客”变成“主角”，充分保证了学生的主体地位，极大提高了学生学习的积极性，加强了教学效果（见图 4–1）。

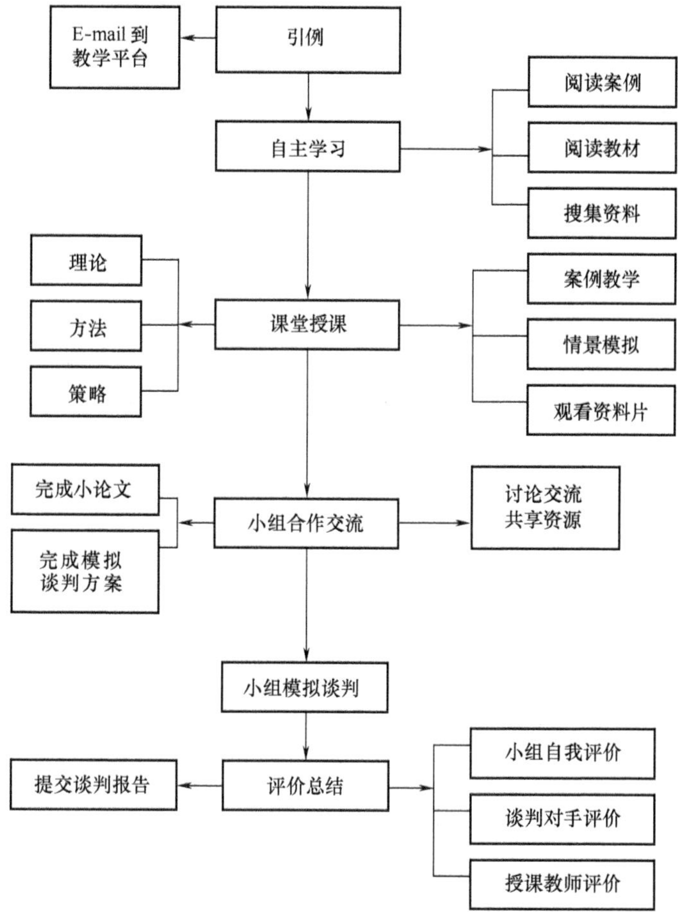

图 4–1　“国际商务谈判”实践教学流程

模拟商务谈判是真实谈判的预演，是商务谈判准备工作中的重要内容，它是根据课堂上所讲授的基本理论、原则和策略，结合学生各方面的相关知识和能力，分别扮演商务谈判中的甲乙双方，根据教师所提供的有关标的信息和要求，提出各种假设和臆测，各自根据自己的谈判立场、观点、风格等进行谈判。由于“国际商务谈判”是一门实践性很强的应有科学，所以，在该课程教学中，需要提高学生的实践能力，积极培养学生的综合素质。为此，在多年“国际商务谈判”教学改革中，我们逐步探索和基本形成了一个学生模拟谈判过程，取得了良好效果。通过模拟商务谈判活动，提高学生感性认识，加深学生对所学商务谈判理论知识的掌握，学会理论知识的综合运用，从而使其在今后实际工作中，面对各种类型的商务谈判都能够做出切实可行的谈判策划方案，并灵活运用商务谈判组织和过程控制的方法、技巧与策略。

模拟谈判日益受到学生的好评，已成为国际商务谈判课程中的教学亮点和特色。模拟商务谈判教学充分保证了学生的主体地位，极大提高了学生学习的积极性，学生的积极性与主动性比我们的预期还要好。这也为我们进一步优化“国际商务谈判”教育与教学过程提供了契机，我们下一步的计划是将显性外化教学由课内教学延伸到课外实践，也就是将模拟商务谈判教学延伸为实战商务谈判教学，采取全程实战的教学方式，在实践中实施教学，并使两者有机结合，谈判中学生做出的决定将在商务运作中付诸实践。

具体想法是在条件成熟的情况下，学生从商业投资领域选取实践项目，进行“项目调查—市场调查—撰写调查报告—制作商业计划—投资合作洽谈—投资合作运营—谈判准备—模拟谈判—新闻发布会”等近 10 个环节的实践操作，最后正式进入实战谈判阶段。

第二节　“国际商务谈判”实验内容

一、实验 1：谈判者心理素质测试

（一）实验目的和要求

通过测试使学生了解自己的谈判心理，并不断培养和提高学生的心理素质。

在老师的指导下，在本课程开始时进行一次测试，在本课程学习结束后再做一次测试，比较一下结果，看看有没有提高。

（二）心理素质测试题目

一共 10 题，记录下你的答案，最后计算总分。

1. 你认为商务谈判（　）

A. 是一种意志的较量，谈判对方一定有输有赢。

B. 是一种立场的坚持，谁坚持到底，谁就获利多。

C. 是一种妥协的过程，双方各让一步一定会海阔天空。

D. 双方的关系重于利益，只要双方关系友好必然带来理想的谈判结果。

E. 是双方妥协和利益得到实现的过程，以客观标准达成协议可得到双赢结果。

2. 在签订合同前，谈判代表说合作条件很苛刻，按此条件自己无权做主，还要通过上司批准。此时你应该（　）

A. 说对方谈判代表没有权做主就应该早声明，以免浪费时间。

B. 询问对方上司批准合同的可能性，在最后决策者拍板前要留有让步余地。

C. 提出要见决策者，重新安排谈判。

D. 与对方谈判代表先签订合作意向书，取得初步的谈判成果。

E. 进一步给出让步，以达到对方谈判代表有权做主的条件。

3. 为得到更多的让步，或是为了掌握更多的信息，对方提出一些假设性的需求或问题，目的在于摸清底牌。此时你应该（　）

A. 按照对方假设性的需求和问题诚实回答。

B. 对于各种假设性的需求和问题不予理会。

C. 指出对方的需求和问题不真实。

D. 了解对方的真实需求和问题，有针对性地给予同样假设性的答复。

E. 窥视对方真正的需求和兴趣，不要给予清晰的答案，并可将计就计促成交易。

4. 谈判对方提出几家竞争对手的情况，向你施压，说你的价格太高，要求你给出更多的让步，你应该（　）

A. 谈判更多地了解竞争状况，坚持原有的合作条件，不要轻易做出让步。

B. 强调自己的价格是最合理的。

C. 为了争取合作，以对方提出竞争对手最优惠的价格条件成交。

D. 问：既然竞争对手的价格如此优惠，你为什么不与他们合作?

E. 提出竞争事实，说对方提出的竞争对手情况不真实。

5. 当对方提出如果这次谈判你能给予优惠条件，保证下次给你更大的生意时，你应该（　）

A. 按对方的合作要求给予适当的优惠条件。

B. 为了双方的长期合作，得到未来更大的生意，按照对方要求的优惠条件成交。

C. 了解买主的人格，不要以“未来的承诺”来牺牲“现在的利益”，可以以其人之道还治其人之身。

D. 要求对方将下次生意的具体情况进行说明，以确定是否给予对方优惠条件。

E. 坚持原有的合作条件，对对方所提出的下次合作不予理会。

6. 谈判对方有诚意购买你整体方案的产品（服务）但苦于财力不足，不能完整成交。此时你应该（　）

A. 要对方购买部分产品（服务），成交多少算多少。

B. 指出如果不能购买整体方案，就以后再谈。

C. 要求对方借钱购买整体方案。

D. 如果有可能，协助贷款，或改变整体方案。改变方案时要注意相应条件的调整。

E. 先把整体方案的产品（服务）卖给对方，对方有多少钱先给多少钱，所欠之钱以后再说。

7. 对方在达成协议前，将许多附加条件依次提出，要求得到你更大的让步，你应该（　）

A. 强调你已经做出的让步，强调“双赢”，尽快促成交易。

B. 对对方提出的附加条件不予考虑，坚持原有的合作条件。

C. 针锋相对，对对方提出的附加条件提出相应的附加条件。

D. 不与这种“得寸进尺”的谈判对手合作。

E. 运用推销证明的方法，将已有的合作伙伴情况介绍给对方。

8. 在谈判过程中，对方总是改变自己的方案、观点、条件，使谈判无休无止地拖下去。你应该（　）

A. 以其人之道还治其人之身，用同样的方法与对方周旋。

B. 设法弄清楚对方的期限要求，提出己方的最后期限。

C. 节省自己的时间和精力，不与这种对象合作。

D. 采用休会策略，等对方真正有需求时再和对方谈判。

E. 采用“价格陷阱”策略，说明如果现在不成交，以后将涨价。

9. 在谈判中双方因某一个问题陷入僵局，有可能是过分坚持立场之故。此时你应该（　）

A. 跳出僵局，用让步的方法满足对方的条件。

B. 放弃立场，强调双方的共同利益。

C. 坚持立场，要想获得更多的利益就得坚持原有谈判条件不变。

D. 采用先休会的方法，会后转换思考角度，并提出多种选择等策略以消除僵局。

E. 采用更换谈判人员的方法，重新开始谈判。

10. 除非满足对方的条件，否则对方将转向其他合作伙伴，并与你断绝一切生意往来，此时你应该（　）

A. 从立场中脱离出来，强调共同的利益，要求平等机会，不要被威胁吓倒而做出不情愿的让步。

B. 以牙还牙，不合作拉倒，去寻找新的合作伙伴。

C. 给出供选择的多种方案以达到合作的目的。

D. 摆事实，讲道理，同时也给出合作的目的。

E. 通过有影响力的第三者进行调停，赢得合理的条件。

1.A——2 分	B——3 分	C——7 分	D——6 分	E——10 分
2.A——2 分	B——10 分	C——7 分	D——6 分	E——5 分
3.A——4 分	B——3 分	C——6 分	D——7 分	E——10 分
4.A——10 分	B——6 分	C——5 分	D——2 分	E——8 分
5.A——4 分	B——2 分	C——10 分	D——6 分	E——5 分
6.A——6 分	B——2 分	C——6 分	D——10 分	E——3 分
7.A——10 分	B——4 分	C——8 分	D——2 分	E——7 分
8.A——4 分	B——10 分	C——3 分	D——6 分	E——7 分
9.A——4 分	B——6 分	C——2 分	D——10 分	E——7 分
10.A——10 分	B——2 分	C——6 分	D——6 分	E——7 分

95 分以上：谈判专家；

90~95 分：谈判高手；

80~90 分：有一定的谈判能力；

70~80 分：具有一定的潜质；

70 分以下：谈判能力不合格，需要继续努力。

二、实验 2：模拟商务谈判

（一）模拟商务谈判

1. 模拟商务谈判活动目的

通过模拟商务谈判活动，提高学生感性认识，加深学生对所学商务谈判理论知识的掌握，学会理论知识的综合运用，从而使其在今后实际工作中，面对各种类型的商务谈判都能够做出切实可行的谈判策划方案，并灵活运用商务谈判组织和过程控制的方法、技巧与策略。

2. 模拟商务谈判方式

分小组，分甲方、乙方展开模拟谈判（全体学生参加）。

3. 模拟商务谈判的方法与要求

（1）准备阶段。①双方分别组成4~8人的谈判小组，各选出组长1名。小组的甲方、乙方分别搜集、分析、研究谈判资料，并做出相应的判断与结论。②双方分别集中策划谈判方案。③根据谈判需要和个人能力、专长，对谈判角色分工，确定主谈人和辅谈人，并细分职责与任务。

（2）谈判阶段。①在会议室或面对面围坐于课桌的教室（如果课桌能够移动的话）开展模拟谈判。②由指定方（或主场谈判）的谈判小组组长主持谈判。③根据教师给定的谈判议题和各自策划的谈判方案展开谈判。④谈判时间限定为90分钟。⑤谈判过程中要有教师在现场做适当指导，但不干涉。⑥小组中双方成员数对等，一般为4~5人，小组数不限定，以确保人人参与为准。⑦需按谈判过程及要求逐一展开，在谈判过程中，各成员要认真严肃，尽力扮演好自己担当的角色，言谈举止需符合谈判的气氛要求，以确保仿真程度。

（3）结束阶段。①模拟谈判结束后，指导教师需对其谈判过程及结果进行讲评。②每个谈判小组按要求撰写模拟谈判报告，并上交作为模拟谈判活动成绩评定的依据。③指导教师根据谈判小组、小组中的个人在模拟谈判活动中的表现、小组评分及模拟谈判报告给出每个谈判小组的成绩。小组成绩也就是谈判小组每个成员的成绩。

4. 模拟商务谈判报告的要求

（1）统一用A4纸打印，语言简洁，逻辑清楚。

（2）字数不少于1 000。

5. 模拟商务谈判的成绩

模拟商务谈判成绩应占课程总分的70%，课程成绩及格的前提条件之一是模拟商务谈判成绩及格。成绩考评如表4–1。

表4–1　谈判小组成绩考评表

考核指标与标准	打分（甲/乙）							
	对方（X）		自评（Y）		教师（Z）		同学（Q）	
信息收集与对相关知识的把握（10分）								
谈判方案策划（20分）								

续表

考核指标与标准		打分（甲/乙）							
		对方（X）		自评（Y）		教师（Z）		同学（Q）	
谈判过程表现	方案贯彻（10分）								
	应变能力（10分）								
	策略与技巧应用（15分）								
	态度表现（5分）								
	综合效果（10分）								
谈判小组总结报告（20分）									
总分（T）T=0.2 ∑ X+0.2 ∑ Y+0.5 ∑ Z+0.1Q（满分100）									

（二）模拟商务谈判资料

模拟资料一：货物购销谈判

1. 谈判主体

甲方：韩国现代集团（买方，发邀方）。

乙方：中石化集团（卖方，应邀方）。

2. 谈判项目

2 000吨丁苯橡胶购销。

3. 相关背景资料

（1）甲方已买过乙方的产品，使用的效果很好。乙方的卖价相比南非、哥伦比亚、比利时等国的价格具有竞争力。

（2）橡胶去年买价为CFR釜山港，托盘包装1 250美元/吨。今年市场价平均在1 000美元/吨。

（3）甲方、乙方关系不错，彼此具有信誉。

（4）甲方生产轮胎，丁苯橡胶用量不小，过去从欧洲、南美采购较多，计划开辟第二供货商。

4. 谈判要求

（1）谈判方案策划的主要内容：①谈判总目标、子目标；②谈判方针和总策略；③谈判级别、地点、开谈日期及谈判日程安排；④谈判议题的原则性排序；⑤各个谈判阶段谈判策略和谈判技巧的设计；⑥己方人员在谈判中的分工与配合。

（2）谈判议题：①成交价格；②供货时间；③交货地点。

模拟资料二：举办合资企业谈判

1. 谈判主体

甲方：中国天津制药工业公司。

乙方：美国 S. K 药业公司。

2. 谈判项目

就美方在中方举办合资企业项目进行谈判。

3. 相关背景资料

（1）甲方：中国天津制药工业公司。甲方为国有大中型企业，在国内制药行业中属大企业。其传统产品面临同业的强劲挑战，在市场竞争中已不占优势，公司当务之急是尽快开发出新产品，实现产品的升级换代，以此获得竞争优势，求得企业的生存与发展。由于公司长期缺乏技术进步机制，所以没有新产品的技术储备，在新品开发上只能选择技术引进或技术专利合资的渠道。另外，公司的国有企业“通病”明显，如产品单一、设备老化且开工率低、资金短缺、机构臃肿、经营管理体制不顺等。从新品开发的角度和改善管理、激活企业的角度综合考虑，选择技术专利合资是企业摆脱困境的唯一出路。对此，公司的决策者们已达成共识。经过大量的市场调查研究后，公司列出了几家外国医药公司为合作对象，并首选美国 S. K 药业公司作为合资对象。经发邀，S. K 公司同意如期派谈判组到天津与天津制药工业公司举行合资谈判。

（2）乙方：美国 S. K 药业公司。S. K 公司为国际上医药行业的著名公司，资信度为国际 3A 级，拥有打虫、平喘、治疗心血管病、糖尿病和肾病等特效药生产的 10 多项技术专利，这些产品在市场上均畅销，利润丰厚。但受中国进口政策管制，出口到中国市场的数量有限。该公司的生产（包括子公司和对外直接投资办企业）和销售主要在欧美市场，当前正开始向亚洲市场涉足，曾以技术专利为投资与泰国的某家医药公司举办过合资企业，但效果并不好。美方谈判人员较为务实，工作讲究效率，但对设在本国以外的国际商务机构（如信息咨询、资产评估所、仲裁机构等）缺乏信任。

（3）甲乙双方过去的交往情况。①甲方曾派技术人员到乙方进行过参观和业务学习；②乙方亚洲地区总经理与甲方董事长在 1992 年的中国天津商贸洽谈会上结识，并草签了合作意向书；③ 1993 年初，乙方派出专家组一行人到甲方进行了投资前的实地考察，专家们对甲方的合资条件基本满意。此后，甲乙双方商定于 1993 年 5 月在天津就举办合资企业举行首轮正式谈判。

（4）谈判客体及甲方要求。①双方投资总额。控制投资总额，在己方控股的前提下，期望对方尽可能多地进行投资（包括技术、资金等，项目合资额起点见表 4–2）。②投资构成。期望对方以技术专利（主体）、生产关键设备和部分货币资本投资，而己方则以场地、厂房、通用设备为主投资，甲方可用于合资的总资产初步估算折合人民币约 1 550 万元。③合资方式。其一，乙方仅以技术专利入股，技术专利、商标等无形资产入股，份额按国际惯例，一般占总股份（合资资本总额）的 20%~30%；其二，乙方以技术、设备和资金等入股。④资产评估机构。甲方选择中国国有资产管理局资产评估所（要求对方也选），若对方不同意，则选中立机构——斯德哥尔摩商会资产评估所。⑤产品技术专利、商标、项目合资额起点、技术保障。经网上查询，S. K 公司产品生产技术专利注册及转让费用等资料如表 4–2 所示，合资后要求 S. K 公司确保合资企业生产的产品达到国际标准。⑥产品外销比例。合资企业生产的产品应有一定比例外销，外销产品由乙方承销。外销比例甲方期望达到 2~5 成。⑦仲裁机构。首选中国天津商会，次选瑞典斯德哥尔摩商会。

表 4–2 技术专利及项目合资额起点 （人民币：万元）

项目 \ 专利种类	打虫	平喘	治心血管病	治糖尿病	治肾病
专利剩余有效期（年）	2	6	5	9	12
国家区域范围内生产技术一次性转让费	400	1 000	800	1 600	2 000
使用 S.K 商标销售费（一次性许可）	50	100	80	300	500
项目合资额起点	700	1 800	1500	2 400	2 700

4. 模拟谈判要求

（1）策划谈判方案；

（2）就合资方式、合作项目、投资规模、投资比例、产品乙方外销比例、资产评估和仲裁机构选择等七个议题展开谈判。

下篇

国际经济与贸易专业本科生实习和毕业论文（设计）指导

第一章　国际经济与贸易专业本科生实习指导

第一节　国际经济与贸易专业本科生实习大纲

首都经济贸易大学经济学院国际经济与贸易专业的本科生社会实践与毕业实习属必要的教学环节，所有学生必须参加这两项实践教学环节，实习主要从认知实习、专业实习和毕业实习三方面展开。

一、实习目的

按照首都经济贸易大学国际经济与贸易专业培养目标的要求，有目的、有计划地组织学生利用二年级下学期后一个月的时间参与社会政治、经济和文化活动，让大学生在实践中“受教育、长才干、做贡献”，了解国情、民情、社情，培养学生的社会责任感，锻炼学生的观察能力、沟通协调能力和对专业知识的综合运用能力，鼓励大学生发挥自身优势，深入开展调查研究，大力传播科学技术和现代文明，引导学生热爱祖国、热爱人民、热爱劳动，踏实、敬业，笃志、成才。

二、实践内容

（一）社会调查

院团委和学生所在院（系）在每年暑假前，公布一批社会调查课题，由学生自主确定调查题目，学生根据题目开展调查活动，并撰写调查报告。

（二）专业调查

由经济学院推荐一批课题项目，学生自主选择，由专业教师进行指导，学生根据该项目的安排从事实践活动，并形成调研报告或其他成果。

（三）专业实践实习

由学院或学生自行联系实践单位，从事与国际经济与贸易专业相关的岗位实习、实践，了解岗位的基本要求，并撰写实践报告。

（四）勤工助学

由学院推荐或学生自行联系用人单位，利用实习期从事有偿智力、劳动活动，并撰写实践心得。

（五）志愿服务

按照学院的统一部署，组织小分队开展文化、科技、卫生“三下乡”和科教、文体、法律、卫生“四进社区”活动，并形成小分队调研报告及个人实践心得。

三、实践方式

学生可选择以下两种方式进行实践活动：①参加院、系、班组织的小分队活动。②根据学校和院系的要求自行选择项目进行实践。

四、基本要求与成绩评定

（一）基本要求

本科学生大学期间必须参加认知社会实践，并撰写社会实践调查报告。具体要求如下。

（1）实践地点应为北京市，外地学生原则上不得离京返乡实践，参加社会实践的时间不少于 20 天。

（2）完成一篇不少于 2 000 字的调查报告或实践心得。

（3）实践材料须具有实践单位的鉴定意见和签章。

（二）实习纪律

（1）学生应遵守实习单位的安排和制度，注意维护大学生的自身形象和学院声誉。

（2）学生应通过各种有效的手段与指导教师主动交流和沟通（面谈、电话、E-mail 等）。

（3）学生应及时向指导老师汇报实习情况，尤其是在实习过程中遇到问题时，应积极与指导老师取得联系，使问题得到妥善解决。

（三）成绩评定

学生认知实习共 2 学分。社会实践的成绩评定和学分认定工作由指导教师和学院成立相应的成绩评定小组负责具体组织实施。成绩评定小组根据学生的社会实践调查报告质量与实践单位的鉴定意见，给出百分制成绩。社会实践成绩一年评定一次，评定时间为每年 9 月份。

社会实践等活动成绩不合格的学生应及时补作，以便取得相应学分。

第二节　国际经济与贸易专业本科生专业实习

一、实习目的

专业实习是大学本科教育一个极为重要的实践性教学环节。通过实习，使学生在社会实践中接触与国际经济与贸易专业相关的实际工作，安排学生到相应的实习基地或联系单位，进行有具体目的的实习。增强感性认识，培养和锻炼学生综合运用所学的基础理论、基本技能和专业知识，去独立发现、分析和解决实际问题的能力，把理论和实践结合起来，提高实践动手能力，为学生将来走上工作岗位打下一定的基础；同时可以检验教学效果，为进一步提高教育教学质量，培养合格人才积累经验。

二、实习内容

国际经济与贸易专业实习是该专业学生专业所学知识的一次综合性大演练。该实习训练学生将零散的知识加以系统化、条理化，将掌握的理论知识转化为操作技能，全面提高综合素质、动手能力、组织协调能力和创业能力等。

专业实习的具体内容可以分为三大模块，学生可选其一。

（一）模块一：外贸实务实习

以国际贸易操作流程为脉络，是涉及商务英语、外贸函电、商务谈判、国际商法、国际贸易、国际金融、国际结算、电子商务、国际服务贸易等诸多内容的综合演练。

（二）模块二：模拟交易会

以交易会企业介绍为主题，模拟撰写参展资料（要求中英文对照）。内容主要有以下几个部分：①企业介绍；②产品介绍；③市场战略介绍；④参展安排等。

（三）模块三：外贸创业设计

外贸创业设计包括的内容如下：①公司介绍；②市场分析；③竞争性分析；④产品与服务；⑤市场与销售；⑥财务计划等。

三、实习要求

由经济学院根据专业特点，联系相关实习单位，安排学生实习，配备相应的指导教师和安排一定的实习经费，以保障实习活动正常进行。

每位实习生必须参加院系和指导教师组织的实习前教育活动，认真学习实习大纲和实习纪律，明确实习目的和要求，以求圆满完成实习任务。

实习以实习小组为考核组，要求每个实习小组写出实习报告或调研报告。每位实习生必须写实习日记。

实习结束后以班级为单位进行相关问题讨论和经验交流。

四、实习安排

（一）实习时间安排

第六学期 10~20 周。

（二）实习指导教师

由经济学院国际经济与贸易系专业教师负责指导实习。

（三）实习工作程序

1. 准备

实习开始之前一周，确定指导老师，由学院协助学生联系或落实实习单位及实习主题。

2. 动员

实习前一周内，召开实习动员会，通告实习安排、要求及注意事项。

3. 实习过程

指导老师带领学生按计划安排和要求进行实习，督导，检查并协助解决学生实习中问题。

4. 考核

学生实习结束后，写出实习报告（不少于 3 000 字）或外贸创业企划方案，提交实习评定材料（如单位证明或实习日记等），由指导老师结合实习中日常表现，给出实习成绩。

5. 总结交流

召开实习总结会，并对实习中发现的问题进行讨论和交流。最后通报实习完成情况。

五、实习考核

（一）百分制

实习成绩采用百分制。

（二）评定依据

评定依据如下：①实习期间的出勤情况及组织纪律性和实习态度等方面的表现，占 20%。②实习报告或外贸创业企划方案、实习日记，占 70%。③实习总结讨论交流情况，占 10%。

六、实习组织管理

（一）实习指导领导小组

学院成立以主干教学副院长为首的领导小组，加强对实习过程的指导和管理，负责实习过程各环节的组织与协调工作。组成人员为学院院务委员会成员、实习指导老师以及班主任。

（二）实习指导老师职责

实习指导教师均应有高度的责任感，要积极关心学生的生活和工作，与学生常沟通、常交流，关心他们的业务锻炼、能力培养。定期检查实习进度，反馈实习意见，帮助解决学生实习中存在的实际问题。实习指导教师负责准备、动员、实习、考核与总结的全过程。

第三节　国际经济与贸易专业本科生毕业实习

一、毕业实习目的

毕业实习是实践性的教学环节，是培养学生综合运用大学中所学理论知识去解决实际问题的基本能力训练，也是顺利完成毕业环节教学的基础和前提。通过毕业实习，达到如下目的：①全面、深入地了解国际经济活动的各项实务与管理工作，熟悉掌握国际贸易各环节及相关业务的实务操作技能，使学生对所学专业有更为全面的认识。②帮助学生进一步消化、补充和巩固已学到的专业理论知识。通过实践环节，检查学生对所学知识的理解程度、掌握程度和实际应用能力；检查学生与毕业论文（设计）有关的各项准备工作的计划性和完善程度。③有针对性地锻炼学生观察问题、分析问题和解决问题的能力，促进学生将所学理论与实践相结合，培养他们脚踏实地、扎扎实实的工作作风，为今后较顺利地走上工作岗位打下一定的基础。同时，通过实践工作，为论文的写作提供感性认识，保证毕业论文的质量。

二、实习内容与实习方式

（一）实习内容

国际经济与贸易专业本科生毕业实习包括以下内容：

第一，了解实习单位的各项规章制度、基本经营管理状况、基本业务、工作流程和工作特点、经营理念、发展战略等。

第二，了解银行、税务、商检、证券期货、外汇管理、外贸等方面的发展状况。

第三，了解：外贸业务实际操作，包括国际市场分析、对外贸易洽谈、进出口合同的签订和履行等；单证制作，外贸函电的书写等；外经贸合作，包括了解技术引进项目、合资项目的基本程序等；国际服务贸易，包括金融、电信、旅游等行业的对外开放情况及中外合资的规定、程序等。

（二）实习安排

1. 实习进程安排

第一阶段：了解熟悉阶段。确定实习单位，通过实习单位领导介绍和实地考察，了解实习单位的基本状况和组织结构。

第二阶段：专业实习阶段。根据实习单位领导的安排，充分发挥自身专业的优势，理论与实践相结合，参加实习单位的经营管理活动，搜集有关资料。

第三阶段：专业调查阶段。开展与毕业论文有关的定向调查，搜集相关资料，并运用所学知识进行分析。

第四阶段：总结阶段。反思实习过程，总结实习经验，整理有关资料，完成实习报告、调查报告。

2. 实习方式

根据学院规定的实习大纲和实习计划要求，以分散实习的方式进行。

3. 时间安排

实习时间安排在第八学期 1~8 周。

三、实习要求

第一，严格遵守国家政策法令和首都经济贸易大学的有关规章制度。严格遵守实习单位的各项规章制度，自觉遵守纪律。实习期间，不迟到、不早退、不缺勤。

第二，明确实习目的，端正实习态度。发扬勤奋好学、虚心求教、文明礼貌、艰苦奋斗的优良作风。学生在实习期间要努力学习，逐日书写实习日记。实习结束后需提供实习日记、调查报告、实习报告及实习单位的实习鉴定。

第三，自觉维护学校和学院荣誉，树立首都经济贸易大学经济学院学生的良好形象，防止不文明行为的发生。

第四，实习期间要提高自我保护和防范意识，注意人身和财产安全。每名同学离校前应留下详细、有效的通信方式和地址，以便进行联系。实习过程中如果联系方式有所变动，应及时告知学院、班主任和指导老师。

四、实习指导与考核

由经济学院根据专业特点，安排学生实习，配备相应的指导教师，一般实习指导老师也是毕业论文指导教师，以保障实习活动和论文管理工作相结合，保证两项工作都能正常进行。明确参加实习的学生和指导实习的教师的职责。对于部分已经联系好工作单位的学生，可以建议或允许他们到拟工作的单位进行实习。

（一）实习报告

学生实习结束后必须完成毕业实习报告，毕业实习报告必须包含以下内容：①毕业实习的岗位和内容；②在毕业实习中从事了哪些方面的具体工作；③对自己所从事工作的认识或掌握的程度，有何感想；④通过毕业实习，对本专业的认识和了解；⑤通过毕业实习，对本专业的专业知识、课程结构有什么建议和想法。

学生毕业实习报告必须自己独立完成，凡实习报告没有以上内容或报告不是自己独立完成的，实习报告记零分。

（二）毕业实习鉴定表

学生实习完成后，必须填写毕业实习鉴定表，实习鉴定表包含自我鉴定和实习单位鉴定，自我鉴定是对自己毕业实习工作的一个综合评价，学生必须如实填写；实习单位鉴定是实习单位对学生在实习期间的综合评价，实习单位鉴定必须有实习单位盖章和单位负责人签字方有效。

（三）实习成绩

实习成绩根据实习报告、实习日记、调查报告、实习表现（实习单位鉴定，到岗、出勤等纪律遵守情况等）由指导教师评定，由学院进行审核，成绩评定采用百分制。

第二章　国际经济与贸易专业本科生毕业论文（设计）

第一节　首都经济贸易大学本科毕业论文（设计）撰写要求

毕业论文（设计）是培养大学生探求真理、强化社会意识、进行科学研究基本训练、提高综合实践能力与素质的重要教学环节，也是学生毕业与学位资格认证的重要依据。为规范和统一首都经济贸易大学本科生毕业论文（设计）的写作，根据《中华人民共和国学位条例暂行实施办法》的有关规定和《科学技术报告、学位论文和学术论文的编写格式》的国家标准，提出本要求。

一、基本要求

毕业论文（设计）必须是一篇系统的、完整的学术论文，且一人一题、中文书写，正文篇幅一般为 8 000~10 000 字；外文书写（如英语专业）一般为 5 000 个单词。毕业论文（设计）应是学生本人在导师的指导下独立完成的研究成果，不得抄袭和剽窃他人成果。毕业论文（设计）的学术观点必须明确，结构和逻辑严谨，文字通畅。

二、毕业论文（设计）的组成部分和排列顺序

毕业论文（设计）一般由封面、中英文摘要、论文目录、正文、参考文献、附录、致谢等组成并按以下顺序排列。

（一）封面

首都经济贸易大学本科毕业论文（设计）的封面需用统一格式。封面各项目用黑色签字笔填写（不要使用铅笔或圆珠笔）。具体要求如下：①论文题目：论文题目应当简明扼要地概括和反映出论文的核心内容，一般不宜超过 20 个字，必要时可加副标题。②院（系）：填写学生所在学院或系。③专业（方向）：

按国家专业目录中的名称填写，有专业方向的在括号中注明。④指导教师：必须是本院系指派的指导教师。

（二）论文摘要

论文摘要是该论文不加注释和评论的简短陈述，一般应说明研究目的、方法、结果和最终结论等，重点是结果和结论。要突出本论文的创造性成果或新见解。

中文摘要力求语言精炼准确，在300~500字。英文摘要内容要与中文摘要内容一致。中英文摘要都必须在摘要页的最下方另起一行，注明本文的关键词（3~5个）。

（三）论文目录

论文目录作为论文的提纲，由论文中的标题序号、名称和页码，以及参考文献、附录、致谢等组成，排在论文摘要页之后。

论文中如图表较多，可以分别列出清单置于目录页之后。图的清单应有序号、图题和页码，表的清单应有序号、表题和页码。

（四）论文主体部分——正文

正文是毕业论文（设计）的主体，不同学科专业和不同的选题可以有不同的写作方式。论文写作的类型可以是实验性论文、文献综述性论文、调查报告、案例研究或其他论证性文体。正文一般由引言（或绪论）开始，以结论或讨论结束。

1. 引言（或绪论）

引言是论文主体部分的开端，要求言简意赅，主要说明选题目的和要解决的问题，不能与摘要雷同或成为摘要的注解。

2. 论文主要内容

这是论文的核心部分，写作时必须实事求是，客观直接，准确完整，合乎逻辑，层次分明，简练可读。

毕业论文正文中标题层次一律采用阿拉伯数字分级连续编号。例如，一级标题标号为1，二级为1.1，三级为1.1.1，一般不宜超过3级。编号应左起顶格书写，在编号后空一个字的位置书写标题，另起一行写具体内容。

3. 结论

结论是整篇论文的概括总结和归宿。结论应该准确、完整、明确、精练，一般应包括本文的主要结果和观点、独特之处或创新点、局限和未来研究的方向等。

（五）参考文献

凡有引用他人成果和对本论文写作有帮助和启发的文献，均应列于文末。文献综述型论文至少要引用 30 篇以上参考文献，其中必须有外文文献；其他类型论文（设计）则至少要引用 15 篇以上。

排列时应中文文献在前，外文文献在后，并按照著作者姓名发音的汉语拼音字母（或英文字母）顺序排列先后。参考文献的著录项目与著录格式按《GB/T7714—2005 参考文献著录规则》（参阅后文所述注释文献的格式），可不标起止页码。

（六）致谢

表达作者对完成论文和学业提供帮助的老师、同学、领导、同事及亲属，协助完成研究工作和提供便利条件的组织或个人，在研究工作中提出建议和提供帮助的人，给予转载和引用权的资料、图片、文献、研究思想和设想的所有者的感激之情。

三、毕业论文（设计）的书写、装订要求

（一）字体和字号

1. 标题和正文

论文中一级标题字体字号为黑体小三号，二级标题字体字号为黑体小四号，正文字体字号为宋体小四号。论文摘要、目录、参考文献等名称均用黑体小三号，内容为宋体小四号。行间距 1.25 倍。忌用异体字、复合字及一切不规范的简化字，除非必要，不使用繁体字。

2. 图表、附录等

文中的图表、附录、参考文献、公式一律采用阿拉伯数字连续编号。如图 1，表 1，附注：1，公式（1）。图序及图题置于图的下方居中，表序及表题置于表的上方居中，图序和图题之间、表序和表题之间空两格。论文中的公式编号用括弧括起来写在右边行末，其间不加虚线。

3. 文中引注

正文内引注用当页脚注方式，采上角标方括号阿拉伯数字全文连续编码制。注释文献为期刊时，书写格式为：序号 作者．题目．期刊名， 年份（期数）：起止页码。例如：

[2] 王健．高额储蓄与国际收支顺差的利弊及对策．《经济与管理研究》，2006（2）：5-10.

注释文献是图书时，书写格式为：序号 作者（和译者）. 书名. 出版地：出版单位，年份：起止页码。例如：

[3] 王众托 .《企业信息化与管理变革》. 北京：中国人民大学出版社，2001：20–30.

引用互联网上的文章时，著文的格式为：序号 作者. 文章题名. 网址. 发布时间。例如：

[15] 王金营 . 中国和印度人力资本投资在经济增长中作用的比较. http://www.amteam.org/ docs/bpwebsite.asp.2005 年 8 月 9 日发布 .

4. 计量单位和符号

文中所用单位一律采用国务院发布的《中华人民共和国法定计量单位》，单位名称和符号的书写方式应采用国际通用符号。

（二）论文封面与扉页

采用全校统一格式，由教务处发放。论文扉页基本同封面格式，需打印，题目用二号黑体字，其他内容用三号宋体加粗。

（三）用纸规格与装订

毕业论文一律用 A4 打印纸，于右下角加页码。页面设置为：上下 2.54 厘米、左右 2.8 厘米，页眉 1.5 厘米、页脚 1.75 厘米，装订线位置左侧 1 厘米。页眉使用学校标志，高度为 0.9 厘米，宽度为 4.5 厘米，居中放置。

毕业论文由学生自己装订，上交一份。

第二节　首都经济贸易大学本科生毕业论文（设计）工作管理办法

一、总则

第一条　毕业论文（设计）旨在培养大学生探求真理、强化社会意识、进行科学研究基本训练、提高综合实践能力与素质；是教育与生产劳动和社会实践相结合的重要体现，是培养大学生的创新能力、实践能力和创新精神的重要实践环节。

第二条　毕业论文（设计）是学生毕业与取得学位资格的重要依据。每位本科毕业生必须完成毕业论文（设计），成绩合格并取得相应学分方能毕业和获得学士学位。

第三条　毕业论文（设计）是实现培养目标的重要教学环节，是衡量教学水平的重要依据。各院（系）要认真对待，加强领导，确保毕业论文（设计）工作顺利进行。

二、组织管理

毕业论文（设计）工作的组织管理由学校、院（系）相互协调共同实施。

第四条　教务处作为该项工作的主管部门，其主要职责是：

（一）进行宏观管理，协调解决有关毕业论文（设计）工作的主要问题。

（二）负责毕业论文（设计）管理制度、写作规范等的制订。

（三）组织毕业论文（设计）工作计划的下达、主要工作环节的安排，对院系有关毕业论文工作的指导、检查、评估等工作。

（四）负责全校本科论文（设计）完成质量的评估、汇总上报和制订改进措施。

（五）负责组织校级优秀毕业论文（设计）评选与表彰工作。

第五条　各院（系）作为该项工作的实施机构，其主要职责是：

（一）根据学校的有关规章制度及各专业培养目标和要求，制定本学院毕业论文（设计）工作的具体实施办法。

（二）负责毕业论文写作过程的管理。组建毕业论文（设计）工作领导小组，为学生指派指导教师，督促教师对学生进行考勤与指导；对选题进行论证；把握论文撰写的进度和质量等。

（三）负责论文审阅、答辩等工作。选派评阅人，组建论文答辩委员会和答辩评审小组等；组织毕业论文的评阅、答辩和成绩的审核与评定。

（四）负责文件归档工作。收集、整理、保存毕业论文（设计）工作的有关资料；完成质量评估、总结上报等工作。

（五）评选院（系）优秀毕业论文，推荐校级优秀论文（设计）。

三、毕业论文（设计）的选题

第六条　确定选题的基本要求

（一）毕业论文题目应符合所修读专业的培养目标，体现综合训练的基本要求。

（二）优先选择与首都经济发展、社会进步及改革实践紧密结合的课题，以研究、解决现实问题为主，引导学生运用所学理论去分析和解决问题。

（三）题目不宜过大，难易要适度。

第七条　学生选题与开题

（一）学生可以选择所在院系公布的毕业论文（设计）的选题目录中的题目，也可以在教师指导下由学生自拟与所学专业有关的题目。

（二）学生与指导教师协商确定正式题目后，须完成《毕业论文（设计）开题报告》。有条件的院系可组织开题报告会，由院系毕业论文（设计）工作领导小组安排教师共同审阅。

（三）开题报告一经批准，学生不得随意改变论文题目。个别确有特殊原因需要改变者，须向指导教师说明理由，经指导教师、院系审核同意后，方可改变。题目如有改变，需报学生所在院系备案。

（四）毕业论文（设计）要求一人一题。

四、毕业论文（设计）的指导与评阅

第八条　指导教师资格

毕业论文（设计）的指导教师由具有讲师及以上聘职、具有科研工作经验的教师担任。具有博士学位的助教也可以指导毕业论文（设计）。指导学生毕业论文是教师的教学任务之一，具有本科毕业论文（设计）指导教师资格的教师，不得拒绝院（系）安排的指导毕业论文（设计）工作。

第九条　指导教师职责

（一）在所指导的专业范围内，提供一定数量的论文题目或具有研究价值的问题，并指导学生正确选题，审阅开题报告。

（二）介绍参考书目，对学生进行文献检索指导。

（三）向学生介绍前沿理论和观点，协助学生选择研究方法，按照《首都经济贸易大学本科毕业论文（设计）撰写要求》进行具体指导。

（四）定期检查学生的撰写进展情况，审阅论文初稿和修改稿，提出具体修改意见，并与被指导的学生共同填写《毕业论文（设计）指导情况记录表》。

（五）根据《首都经济贸易大学本科毕业论文（设计）评定指标参考体系》，写出论文评语和给出成绩。

（六）教师在指导工作中，要认真负责，注意发挥学生的积极性、主动性，防止包办代替。要鼓励学生勇于探讨和钻研问题，注意培养学生的创新精神和应用能力。

第十条　指导人数

指导教师同时指导毕业论文的学生人数原则上不得超过 6 人。语言专业（包括用外文写作论文的非语言专业）指导教师同时指导毕业论文的学生人数原则上不得超过 4 人。

五、毕业论文（设计）的撰写要求及评审标准

第十一条　撰写要求

毕业论文（设计）必须是一篇系统的、完整的学术论文。中文书写，正文篇幅一般为 8 000~10 000 字，外文书写（如英语专业）一般为 5 000 单词。毕业论文（设计）的学术观点必须明确，结构和逻辑严谨，文字通畅。毕业论文（设计）一般由封面、中英文摘要、论文目录、正文、参考文献、附录、致谢等组成并按顺序排列。有关毕业论文（设计）撰写和装订的具体要求详见《首都经济贸易大学本科毕业论文（设计）的撰写要求》。

第十二条　评审标准

（一）毕业论文（设计）的评审和成绩评定采用五级记分制，即优秀、良好、中等、及格、不及格。

（二）各院（系）可参照《首都经济贸易大学本科毕业论文成绩评定指标参考体系》，根据不同专业人才培养目标的要求，确立公平客观的评价标准。

六、毕业论文（设计）的评阅与答辩

第十三条　评阅人和评阅意见

毕业论文（设计）经指导教师审阅后，应提交由各院（系）安排的评阅人进行评阅。

（一）评阅人资格：毕业论文（设计）的评阅人由各院（系）毕业论文答辩委员会指派具有中级及以上专业技术职称、具有相关领域科研工作经验的校内外专家担任。指导教师不得作为自己所指导的论文（设计）的评阅人。

（二）评阅人职责：对毕业论文（设计）的完成质量做出评判，填写《毕业论文（设计）评阅人意见表》，并及时将评阅意见和论文返还各院（系）。每位评阅人评阅论文数量一般不超过 8 篇。评阅人的工作直接对论文答辩委员会负责，任何人不得影响其对学生毕业论文成绩的评定。

第十四条　论文答辩

（一）每位学生的毕业论文（设计）都要求进行答辩，但须取得指导教师和评阅人评定为“及格”及以上成绩。通过答辩者方可取得论文成绩和相应学分。

（二）答辩的组织由院（系）论文答辩委员会负责，并组建若干答辩评审小组，每个答辩评审小组成员由 3~5 名有教学、科研工作经验的教师组成。毕业论文（设计）的答辩在各答辩评审小组进行，但各院（系）须随机选取 6

篇左右论文（设计）直接参加院（系）论文答辩委员会的大组答辩，大组的评审成员由 7~10 名教授、副教授组成。

（三）答辩的基本程序：学生报告论文的主要内容——答辩评审成员提问——学生回答问题——答辩评审成员讨论成绩并写出评语。每位学生答辩时间由院（系）论文答辩委员会根据实际情况自行确定，一般不低于25分钟。其中：学生报告毕业论文的主要内容，至少 15 分钟；学生回答提问，至少 10 分钟。

（四）各答辩评审小组根据指导教师、评阅人给出的成绩和学生的实际答辩情况做出综合评估和给出成绩，并报送院（系）论文答辩委员会最后审定。

（五）答辩前，各院（系）答辩委员会要专门开会研究，统一答辩的要求，并提前将组织公开答辩的时间、地点报教务处，以便教务处派有关专家参加答辩旁听。

第十五条　毕业论文成绩终评

（一）每篇毕业论文（设计）的最终成绩按优秀、良好、中等、及格、不及格五级分制，由院（系）毕业论文（设计）答辩委员会裁定的成绩为学生毕业论文的最终评定成绩。

（二）答辩委员会应对本院（系）全部论文的成绩评定情况进行总体评估，可根据各专业特点制定评价标准，评定方式可采用评分卡、投票或协商评议等。为把好毕业论文质量关，要严格控制优秀比例，毕业论文（设计）成绩优秀率（优秀论文数与提交论文数之比）不应超过 15%。

（三）毕业论文（设计）成绩为及格及以上者，准予毕业。成绩不及格者，不能获得相应学分，不得毕业，可发给结业证书，并允许在一年之内申请第二次答辩；二次答辩通过者补记相应学分，学校换发毕业证书，符合授予学位标准的学生，经学校学位委员会同意可授予学位。毕业论文第二次答辩仍未通过者，学校不再接受其答辩申请，不换发毕业证书。第二次答辩所需费用由学生个人承担。

（四）毕业论文（设计）成绩评定后需及时向学生公布。

七、毕业论文（设计）的奖励与处罚

第十六条　奖励

根据《首都经济贸易大学本科优秀学士学位论文（设计）评选奖励办法》，学校每学年对本科优秀毕业论文（设计）进行一次评选，对校级优秀毕业论文的获得者及其指导教师，学校颁发荣誉证书并予以表彰。校级优秀毕业论文由学校档案室永久存档。

第十七条　处罚

对于有抄袭、剽窃行为的论文作者，按照《首都经济贸易大学学生学习违纪处分实施细则》有关规定按作弊处理，由此引发的其他后果也将由其本人承担。

八、毕业论文（设计）的保存与归档

各学院（系）要认真做好毕业论文（设计）卷宗管理、保存和归档工作。

第十八条　每份论文要装订整齐、材料齐全，各院（系）至少保存5年，同时，各院（系）须将毕业论文（设计）及其相关材料制成光盘保存。

第十九条　各院（系）毕业论文（设计）工作日程表、论文答辩委员会人员登记表、指导教师登记表、评阅人登记表、论文选题列表、指导教师工作检查表、毕业论文（设计）成绩汇总表、毕业论文（设计）情况分析表和毕业论文（设计）工作总结等材料汇总后须提交教务处备案。

第二十条　被评为学校优秀毕业论文（设计）的论文要及时交学校档案室归档。

第二十一条　学生及其指导教师对毕业论文内容中涉及的有关技术资料负有保密责任，未经许可不能擅自对外交流或转让。

九、附则

第二十二条　本管理办法自公布之日起执行。

第二十三条　本管理办法由教务处负责解释。

第三节　首都经济贸易大学优秀学士学位论文（设计）评选及奖励办法

一、总则

第一条　为重视和加强毕业论文（设计）工作，进一步提高毕业论文（设计）的质量，充分发挥评选奖励活动的引导、示范和激励作用，调动教师和学生做好毕业论文（设计）工作的积极性，鼓励创新，表彰先进，特制定本办法。

二、评选工作的组织与原则

第二条　校优秀学士学位论文的评选，要突出论文内容的创新性、实践性，本着科学、公正、公开、宁缺毋滥的原则进行。

第三条　校优秀学士学位论文（设计）的初评推荐工作，由各院（系）负责。各院（系）在论文评阅和答辩的基础上，由本院（系）答辩委员会从应届获得学士学位者的毕业论文（设计）中向学校推选出一定数量的优秀论文（设计）。推选名额根据应届学士学位获得者数量，原则上不超过3%。

第四条　校教学指导委员会将对各院（系）推选的优秀学士学位论文进行审查，最终评选出校优秀学士学位论文。

第五条　校优秀学士学位论文（设计）的评选工作每年进行一次。

三、评选标准

第六条　校优秀学士学位论文的评选按以下评选标准进行：

（一）选题恰当，能全面反映培养目标的要求；

（二）技术路线科学，方案正确；

（三）论文（设计）内容能充分结合实际，材料翔实，数据可靠，论述充分，论据充实；

（四）观点、结论正确，有一定的独立见解或创新性；

（五）论文结构完整、严谨，布局合理，层次、思路清晰，文理通顺；

（六）论文格式规范，文字规范，图表、符号、计量单位等符合国家标准。

四、材料报送

第七条　有关院（系）必须于每年的6月中下旬将推荐材料报送教务处，逾期以自动弃权论。报送材料如下：

（一）根据论文质量排出顺序的应届学士学位论文推荐名单；

（二）优秀学士学位论文（设计）推荐表；

（四）优秀学士学位论文（设计）一份（可复印）；

（五）毕业论文评审手册一套（可复印）

报送书面材料的同时，需报送电子版材料一份。

五、表彰及奖励

第八条　被评为校优秀学士学位论文（设计）者，学校将对获奖学生和指导教师颁发奖励证书，并给予一定的物质奖励。

第九条　校优秀学士学位论文（设计）将汇编成集。

六、附则

第十条　本条例自公布之日起实行。

第十一条　本条例解释权在教务处。

表 2-1　本科毕业论文（设计）成绩评定指标参考体系

等级 指标	优秀	良好	中等	及格	不及格
选题	符合专业培养目标，体现综合训练要求，难度及工作量较大，理论或实际价值较高	符合专业培养目标，体现综合训练要求，难易程度及工作量适中，有理论或实际价值	基本符合专业培养目标，基本体现综合训练要求，难易程度及工作量一般，有理论或实际价值	基本符合专业培养目标，基本体现综合训练要求，难易程度及工作量较低，理论或实际价值较小	不符合专业培养目标，或未体现综合训练要求，或缺乏理论或实际价值
文献资料	参考文献充实、全面，理解准确，引用无误	参考文献比较充实，理解准确，引用无误	参考文献比较充实，理解基本准确，引用无大的错误	参考文献较少，引用无大的错误	参考文献较少，引用有较大错误
研究方法	实验设计合理，研究方法科学，数据可靠	实验设计较为合理，研究方法较为得当，数据可靠	实验设计基本合理，研究方法基本得当，数据基本可靠	实验设计、研究方法的合理性较差，数据有偏差	实验设计不合理，研究方法不得当，数据错误、不可靠
观点	见解独到，富有新意，观点和结论正确	有一定的见解，观点和结论正确	观点和结论正确	观点和见解无大的错误	无明确观点或观点有重大错误
论证	论述充分，逻辑性强，分析力强	论述比较充分，逻辑性较强，分析力较强	论述基本充分，有一定的逻辑性	有一定的分析、论述，逻辑性较差	内容空泛，缺乏分析、论述
结构	合理、均衡，符合论文体系要求	较为合理、均衡，符合论文体系要求	基本合理、均衡，基本符合论文体系要求	不合理，勉强符合论文体系要求	不合理，不符合论文体系要求
语言	语言准确清楚，无病句，书写规范，标点符号使用正确，篇幅适中	语言比较准确清楚，无病句，书写比较规范，篇幅适中	语言基本准确，无病句，书写基本规范，篇幅比较适中	语言不准确，有病句，基本符合书写规范，篇幅基本适中	语言不准确，病句较多，书写不规范，篇幅不当
答辩	表达能力强，语言流畅，思维敏捷，综合概括能力强，回答问题准确、全面	表达能力较强，语言流畅，思维比较敏捷，综合概括能力较强，回答问题基本正确、全面	表达能力一般，语言基本流畅，综合概括能力一般，回答问题基本正确	表达能力一般，基本概括论文内容，回答有误，但经提示能够正确回答	表达能力差，不能概括论文内容，或回答问题不正确、不全面

说明：毕业论文（设计）的评审要结合本专业人才培养目标和学科特点，综合考虑上述指标进行成绩评定，但在“选题”“观点”“答辩”三项指标中，其中一项为不及格者，该论文（设计）即为不及格。

第四节 毕业论文撰写的基本知识

一、论文的选题

（一）选题的过程

选题的过程通常被描述为“削铅笔”法，即：首先要定位自己感兴趣的较宽广的领域（Area）；然后逐渐集中到一个论题（Topic），并对该论题提出疑问（Question）；最后定义自己的问题（Problem）。

（二）选题的标准

选题的标准有几个方面，主要包括专业意义、专业跟进、个人兴趣、职业进步、专业知识、经验和技能，以及可能的支持、所需时间、可进入性等方面，给论题打分，得分最高的就可以作为选题的方向。

（三）选题的基本原则

选题的基本原则如下：

（1）选择你自己最感兴趣的问题；

（2）选择你所掌握的理论工具能够胜任的问题；

（3）尽量使问题细化，不要大而空的问题；

（4）选择别人也会感兴趣的问题。

（四）选题方法

几种主要的选题方法如下：

（1）对现有的理论做出进一步的修正和补充；

（2）可以用理论对现实中的问题给予新的解释；

（3）发现潜在的重大问题并做出理论上的储备研究；

（4）对原有的理论做出综合。

二、论文提纲

（一）基本要求

提纲主要报告论文的选题和所做的前期准备。提纲应明确提出学生所要回答的问题，反映出作者对于选题的文献熟悉程度、作者所选择的研究方法和研究步骤、预期的研究结果、研究中可能出现的困难和问题等。指导教师审读论文提纲后提出具体的修改意见。经过指导老师的同意，才能开始论文的正式写作。

（二）提纲的要素

（1）问题的提出：清晰、简洁地提出学生希望在学期论文中回答的问题。

（2）文献回顾：介绍已往的研究已经进行到了什么程度，现有的研究存在哪些不足，学生打算如何在现有研究的基础上做出进一步的探讨。

（3）研究方法和研究步骤：学生所选择的研究方法、计划中的研究步骤，论文的基本结构。

（4）预期的研究结果：可能预见的主要结论，这些结论的理论和现实意义。

（5）研究中可能出现的问题。

（三）提纲结构的具体内容

（1）选题的目标和目的（什么）：①对选题背景的简短描述；②引导选题的关键问题；③选题的目标。

（2）对选题合理性的解释（为什么）。

（3）研究论点（什么——再次描述，但是更详细）：①确定和讨论你将在选题中解答的研究问题；②如果你采用的是现实主义研究方法，可以把你的研究论点当作假设来设计。假设是对两个或更多变量之间的联系推断。很重要的一点是，研究能够检验假设，一次确定假设能否被证明是不正确的。

（4）适当文献的综合描述：①详细列出该领域内的主要作者及他们的论点；②如果必要和可能的话，定义关键的概念并且概述概念的框架。（这就是沃森匣子中的“如何——概念地”部分。）

（5）研究计划：①你将采用什么方法路径？②分析研究资料的方法、样本及理论。

（6）实际的道德问题：①研究引起了需要解决的与学术道德相关的问题吗？②研究过程出现了潜在的问题吗？③出现任何的资料来源问题吗？例如，有权使用专家的资料库或者是特殊的研究软件吗？④是否存在商业机密所有权或者知识产权？

（7）计划或时间表：考虑设计一个甘特图表，这个表依照计划中的要素划分时间。

（四）提纲示例：沃森匣子（Watson Box）

表 2-2　沃森匣子

什么?	为什么?
使我迷惑不解并且激起了我的兴趣? 我想要更多地了解或者更好地理解什么? 什么是我关键的研究论点?	这为什么具有足够的重要性而被放置在图书馆的书架上或者出现在我的组织中? 它是实践者或者政策制定者的指南吗? 它对知识有贡献吗?
如何——概念地?	如何实际地?
我可以草拟什么模型、概念和理论? 我如何开发我自己的研究问题，制造出一个概念的框架来指导我的调查研究?	我将使用什么方法和技巧，来把我的概念框架运用到收集和分析证据上? 我将如何获得和保留资料来源的途径?

（五）提纲的确定：推敲与修改

（1）题目是否充分反映了要研究的问题。

（2）提纲的结构。主问题—子问题（段落、层次）。

（3）立论是否正确。

（4）逻辑框架是否合理。

三、论文结构

（一）引言

（1）选题的背景、缘由、意义及研究目的;

（2）提出问题;

（3）阐述基本概念;

（4）指明研究方法。

（二）本论

（1）展开论题，进行论证。

（2）提出论点后，逐步深入。

（3）递进式结构：论点由一点到另一点，循着一个逻辑线索直线移动。

（4）并列分论：把从属于基本点的几个论点并列起来，一个一个分别加以论述。

（5）混合型：递进式与并列式。

（三）结论

（1）重申在绪论中提出的问题。

（2）论证得到的结果。

（3)对课题研究的展望。课题研究中遗留的问题,需要进一步探讨的问题。

四、论文初稿和定稿

（一）初稿

论文初稿可从以下几个方面进行修改：

（1）提纲的再考察。

（2）资料的再整理。

（3）初稿的推敲：①逻辑是否严谨；②是否回答了提出的问题；③论证是否有力；④同行有何评价。

（二）论文定稿

论文定稿修改的范围和方法包括这几个方面：①论点；②结构；③数据；④方法。

五、资料搜集与整理

（一）资料的表现形式

（1）事实根据；

（2）理论根据。

（二）资料的来源

（1）图书馆、档案；

（2）田野调查；

（3）科学实验。

（三）资料的范围

（1）第一手资料；

（2）他人的研究成果（经典论著）；

（3）边缘学科的资料；

（4）有影响力的论述；

（5）背景资料。

（四）资料收集的原则

（1）围绕主题——资料的使命；

（2）真实。

（五）资料的整理

（1）筛选；

（2）甄别；

（3）查核；

（4）比较；

（5）分析；

（6）出处。

（六）文献检索方法

（1）直查法；

（2）顺查法；

（3）倒查法；

（4）追溯法；

（5）循环法。

（七）检索文献的途径——一个范例

（1）从经济学词典中找线索——《帕尔格雷夫经济学词典》。

（2）从经济学专业手册（Handbook）中找线索：①《货币经济学手册》；②《发展经济学手册》；③《宏观经济学手册》。

（3）浏览相关专著中的文献综述及目录。

（4）借助期刊数据库或图书馆的目录索引，从名刊中寻名作。

（5）请专家介绍或借助同事交流获取名家名著信息。

六、论文写作的参考文献

（1）[英]科林.费希尔等著，徐海乐、钱萌译《博士硕士研究生毕业论文研究与写作》，经济管理出版社，2005年11月第一版.

（2）徐融编著《毕业论文写作》，中国商业出版社，2002年5月.

（3）《国际经济评论》、《经济研究》2006年各期.

附录　大学生科研与创新训练

首都经济贸易大学大学生科研与创新训练计划实施办法

第一章　总则

第一条　大学生科研与创新训练计划是学校面向全日制在读本科各专业学生开展的一项创新教育计划，是学校为提高人才培养质量、提高大学生科研和创新能力的一项举措。

第二条　大学生科研与创新训练计划的实施，旨在探索以问题和课题为核心的研究性教学模式，倡导以学生为主体的调动学生学习主动性、探索性和创造性的教学方法；通过提供科学研究、社会调查与咨询的条件，使学生尽早进入专业科研领域，培养学生的研究兴趣和科学态度，训练实践能力、独立工作能力、团队合作能力，加强师生联系与交流，促进产、学、研紧密结合。

第二章　项目来源与资助方式

第三条　大学生科研与创新训练项目来源于以下两个方面：

（一）我校教师承担的教学、科研、管理、咨询等方面的纵向和横向研究课题。

（二）学生根据所学专业或科研兴趣自己选择的研究项目。

第四条　所确立的训练项目要具有科学性、可行性、协作性和应用性，其研究形式可以灵活多样。项目可分为一般项目和重点项目。

第五条　大学生科研与创新训练计划的项目经费由学校提供，同时接受有关学院（系）、指导教师的研究课题提供的定向资助以及其他各种赞助。

第六条　被评审立项的大学生科研与创新训练项目的资助标准为每项500~2 000元，其中一般项目不超过1 000元，重点项目不超过2 000元。建议各学院根据实际情况给予一定的配套经费。

第七条　被评审立项的大学生科研与创新训练项目一般在半年至一年内

完成，特殊情况下不得超过两年。

第八条　大学生科研与创新训练项目的研究成果可采用调查报告、论文、案例研究、设计、软件、硬件研制、专利等多种形式。鼓励参加项目的学生公开发表论文，根据本训练计划的研究成果发表的论文，其版面费酌情由学校另行报销，知识产权归学校所有，发布时须注明“首都经济贸易大学大学生科研与创新训练计划资助”和项目批准号及指导教师姓名，由指导教师科研课题资助完成的成果须同时注明该科研课题名称及来源。

第三章　指导教师与学生

第九条　每个项目限一名指导教师，同一指导教师同时指导的项目不得超过 2 项。指导教师须具有一定的学术水平，富有创新精神，热爱教育事业，指导学生态度认真。指导教师的职责是：

（一）指导学生申请大学生科研训练计划项目；

（二）在学院支持下提供学生完成项目所需的实验室或场地、仪器设备和相关资料、信息等；

（三）指导学生开展项目研究、答辩、论文发表和研究成果的总结与推广；

（四）检查学生项目执行情况，督促学生完成项目任务。

第十条　申报大学生科研与创新训练项目的学生须为我校全日制在校二、三年级本科生，具有创新意识和一定的研究开发能力，有足够的时间和精力从事所申请项目的研究。

（一）项目可以以学生个人或组建研究团队进行申请，团队项目的成员不超过 5 人（含项目申请者），作为申请人的学生只限报 1 项，作为参加者的学生同期参加的项目不得超过 2 项。学校鼓励学生跨院系、跨专业、跨年级组建研究团队。未按规定结项的学生不得申请第二年的训练项目。

（二）被批准立项的项目，其申请人即为项目负责人。项目负责人须承担项目实施、组织、结项以及经费管理等责任。如因特殊原因不能继续担任项目负责人，须上报学校大学生科研与创新训练领导小组备案，项目负责人可由项目组其他成员接替。

（三）参加每个项目的学生和教师经双向选择而确定，每个项目必须确定一名指导教师，学生在教师的指导下自主学习、自主设计、独立开展实验或调查，独立进行数据分析处理、答辩、总结报告以及成果交流。

（四）参加科研与创新训练计划的学生不得因此而影响课堂学习和其他

教学计划所规定的学习任务。

第四章 组织管理

第十一条 学校成立大学生科研与创新训练计划领导小组，由校长任组长，主管教学和学生工作的副校长（副书记）任副组长，成员由教务处、学生处、科研处、团委等有关部门的主管领导组成。由领导小组聘请有关专家成立专家组进行规划指导、立项评审、结项验收等工作。教务处负责具体实施全校范围内的训练计划，学生处负责训练计划的宣传、动员，以及项目的中期检查等工作。

第十二条 各学院（系）成立大学生科研与创新训练计划指导小组，组织本学院学生申报项目，对申报项目进行初次遴选并上报学校，对确立的项目进行中期检查、监督和总结项目的执行情况并上报学校领导小组。

第十三条 大学生科研与创新训练计划实行项目管理机制。立项申请大约在每年的 9 月至 10 月，具体工作步骤为：

（一）每年 7 月，教务处启动该训练活动，与学生处和各院（系）指导小组共同做好宣传工作和学生申报的组织工作。

（二）学生可自主确立有兴趣的研究项目，也可选择学校或学院规定的项目，即教师正在承担的教学、科研、管理、咨询等方面的纵向和横向研究课题，填写《首都经济贸易大学大学生科研与创新训练项目申报书》，向各院（系）指导小组提出申请。

（三）各院（系）指导小组对申请项目进行质疑、评审和遴选后上报学校。学校大学生科研与创新训练计划领导小组会同学校专家组对各院（系）申报项目进行审核后，公布审批立项的名单，下拨研究经费。

（四）在指导教师指导下，项目负责人主持项目的研究工作。项目执行期间须接受学生处和所在院（系）指导小组的中期检查，检查的主要内容为项目进程和经费使用情况。

（五）次年 9 月至 10 月，教务处会同学生处、各院（系）指导小组，组织专家进行结项答辩和成果验收工作，并总结、交流和宣传本年度大学生科研与创新训练计划的优秀成果。

第五章 经费管理

第十四条 资助经费的管理和使用必须符合学校的有关财务制度，不得侵占或挪用。

第十五条　项目经费的支出内容包括零星设备购置费、耗材费、图书资料和复印费、实验用品、调研费，不含劳务费。

第六章　相关政策

第十六条　学生参加大学生科研与创新训练计划并通过结题验收后，学校颁发结项证书，并根据实际工作量和取得成绩可获得创新实践学分（2~3 学分）。所获成果可参加学校正式认可的与成果相关的各类竞赛，视获奖等级享受相应的评优奖励，并作为保送研究生的重要参考条件之一。

第十七条　大学生科研与创新训练项目的指导教师工作量按指导一篇毕业论文工作量计算，即指导一个项目计 8 课时，按选修课申报。

第十八条　对大学生科研与创新训练项目进行"大学生科研创新奖"评奖，对获奖学生及其指导教师予以奖励；对各院（系）进行"大学生科研与创新训练活动组织奖"的评选和奖励。

第十九条　项目资助经费的管理和使用应接受财务及审计部门的检查与监督，项目负责人和指导教师应积极配合并提供有关资料。对违反项目管理规定者或无正当理由不能按计划正常进行者、将项目经费挪作他用者，学校将进行严肃处理，撤销资助项目，停止申请资格，并以适当方式追回资助经费。

第七章　附则

第二十条　本办法未尽事宜由大学生科研训练计划领导小组研究解决。

第二十一条　本办法由教务处、学生处负责解释。

第二十二条　本办法自公布之日起执行。